L'ESPION RUSSE,

OU

LA SOCIÉTÉ PARISIENNE,

PAR MADAME LA COMTESSE O. D.,

Auteur des Mémoires d'une femme de qualité sur Louis XVIII, de la Femme du Banquier, de l'Auditeur au conseil-d'état.

I.

PARIS,
CHARLES LACHAPELLE, ÉDITEUR,
75, RUE SAINT-JACQUES.

1838.

LES RÊVERBÈRES,

Chroniques de Nuit

DU VIEUX ET DU NOUVEAU PARIS,

6 vol. in-8. — 45 fr.

Les piquantes chroniques de l'*OEil-de-Bœuf* étaient un sûr garant du succès qui attendait *les Réverbères*, dans lesquels l'auteur a peint le vieux et le nouveau Paris avec le talent qu'on lui connaît.

RODOLPHE,

OU

A MOI LA FORTUNE.

2 vol. in-8. — 15 fr.

Ce livre a été déchiré par la presse qui a bien eu ses raisons pour cela, car il est une vraie peinture de caractère et d'observation du journalisme, tel que quelques hommes le font.

MARTHE LA LIVONIENNE.

2 vol. in-8. — 15 fr.

La grande figure de Pierre Ier et de la czarine Catherine qui, de fille d'auberge devint impératrice, les mœurs peu connues des habitans du Nord, la catastrophe sanglante qui termina le règne de l'autocrate russe, tels sont les principaux élémens, à l'aide desquels M. Touchard-Laosse a écrit un livre intéressant.

LE BOSQUET DE ROMAINVILLE.

2 vol. in-8. — 15 fr.

Les Amours d'un Poète.

2 vol. in-8. — 15 fr.

LA PUDEUR ET L'OPÉRA.

(*Deuxième édition.*)

4 vol. in-12. — 12 fr.

L'AMOUR D'UNE FEMME,

PAR CHARLOTTE DE SOR,

Auteur des *Souvenirs du duc de Vicence.*

2 vol. in-8. — 15 fr.

AUGUSTE RICARD.

COMME ON GATE SA VIE,

ESQUISSES CONTEMPORAINES.

5 vol. in-12. — 15 fr.

Comme on gâte sa vie n'est pas seulement un roman écrit avec goût et rempli d'intérêt, c'est un livre dont le but et moral, ce qui en fait un ouvrage utile, car la pensée de l'auteur, philosophiquement développée, peut donner plus d'une bonne leçon à qui saura en profiter.

LA CHAUSSÉE D'ANTIN.

2 vol. in-8. — 15 fr.

Ce livre, impatiemment attendu par les nombreux lecteurs d'Auguste Ricard, a paru. L'observateur populaire s'est fait homme du monde pour nous faire connaître la bonne compagnie, et son ouvrage, qui est bien supérieur à tout ce qu'il a écrit jusqu'à ce jour, a produit une certaine sensation dans le monde littéraire. Une deuxième édition est sous presse.

E.-L. GUÉRIN.

LE TESTAMENT D'UN GUEUX.

2 vol. in-8. — 15 fr.

Un drame fortement conçu, emprunté à une chronique bourgeoise de la restauration, a donné l'idée de ce nouveau roman, dont le genre populaire et le ton de vérité annonce un esprit d'observation habile à saisir les nuances et à les analyser; le Jean Fréju, joueur d'orgue philosophe, lorsque la journée a été mauvaise; Christophe, le garçon teinturier, le type de cette classe ouvrière qui chaque jour s'éclaire et apprend à connaître ses droits, sont surtout tracé avec un abandon qui laisse soupçonner que l'auteur a écrit avec l'original sous les yeux. L'intrigue du *Testament d'un Gueux* était trop intéressante pour échapper aux corsaires littéraires qui alimentent nos entreprises dramatiques; un théâtre des boulevarts a reçu un drame sur ce sujet, qu'il doit bientôt offrir à ses habitués.

—

Magdeleine la Repentie.

2 vol. in-8. — 15 fr.

C'est l'histoire touchante d'une pauvre fille trahiè et abandonnée, alors qu'une promesse sacrée lui donnait la certitude de devenir l'épouse de celui qui la délaisse pour un peu d'or. L'arrivée de Magdeleine dans cette ville de Paris, que tant de gens croyent hospitalière, la lutte qu'elle a à soutenir contre la misère et les grossières séductions de ces corrupteurs de bas étage, la faute inévitable qu'elle commet, son repentir, et le noble dévouement de l'homme qui la réhabilite à ses propres yeux, ont fourni à M. Guérin des scènes aussi dramatiques que vraies, aussi touchantes que naïvement écrites; c'est sans contredit un des meilleurs ouvrage de ce jeune auteur.

LE MARI DE LA REINE,

OU

L'ANGLETERRE EN 1546.

(*Deuxième édition.*)

4 vol. in-12. — 12 fr.

C'est la peinture historique de la cour de Henri VIII, ce tigre couronné qui divorçait avec l'aide du bourreau; le caractère d'un Écossais qui se fait espion pour se venger des oppresseurs de son pays; la situation dramatique de lord Latimer, auquel le roi prend sa femme de son vivant, et veut la rendre veuve ensuite, par un assassinat; l'intrigue compliquée au milieu de laquelle s'agite les principaux personnages de la cour de Henri VIII, donnent à ce roman cette forme originale que nos auteurs ne rencontrent pas toujours; aussi ce livre a-t-il été lu; une deuxième édition en dit plus que tous les éloges.

—

CHRONIQUES DU PALAIS-ROYAL.

MADAME DE PARABÈRE,

MAITRESSE DE PHILIPPE D'ORLÉANS, RÉGENT DE FRANCE.

2 vol. in-8. — 15 fr.

La régence de Philippe d'Orléans a fourni de nombreux épisodes à nos écrivains. M. Guérin a su glaner un sujet intéressant et des scènes du plus haut intérêt en fouillant dans cette libidineuse époque, et en mettant en scène le financier Law, de désastreuse mémoire, la comtesse de Parabère, si libertine, si intrigante, et le nombreux cortège de ses amans à la tête duquel marchait le régent. C'est un ouvrage écrit avec la verve qu'un semblable sujet exigeait.

LE ROI DES HALLES.

2 vol. in-8. — 15 fr.

Le duc de Beaufort, ce héros de la Fronde, ce grand seigneur qui trouvait la populace bonne compagnie, Mademoiselle de Montpensier, cette Jeanne-d'Arc du sang royal, et les principaux personnages du temps de la Fronde, Gaston, Retz, Condé, Mazarin, figurent dans cette composition historique à laquelle on ne peut adresser qu'un reproche : celui d'avoir été écrit consciencieusement, autrement dit, l'auteur a préféré la vérité historique à la fiction du roman, plus intéressante, sans doute, mais déplacée dans un livre où les principaux évènemens sont connus. Un style concis, animé, des portraits ressemblans, une fidélité scrupuleuse dans le récit des faits, voilà ce qui assure au *Roi des Halles* des lecteurs parmi les gens éclairés.

LE MARQUIS DE BRUNOY,

HISTOIRE DU TEMPS DE LOUIS XV.

2 vol. 8. — 15 fr.

Le marquis de Brunoy est une fastueuse illustration d'une époque si riche en dissipateurs. Le noble fou qui dépensait 300,000 livres pour une procession de village, et qui parodia 89, vingt années avant l'ère révolutionnaire, appartenait aux romanciers. M. Guérin s'en est emparé, et a su donner une couleur originale au personnage que Frédérick-Lemaître, le créateur de *Robert-Macaire*, a cherché, mais vainement, à nous rappeler sur la scène des Variétés. Une postiche, mêlée de couplets, était insuffisante pour retracer un sujet qui exigeait de longues proportions et une plume plus habile que celle des fournisseurs de l'ariette et des quolibets débités par Odry et ses adhérens.

La Modiste et le Carabin.

2 vol. in-8. — 15 fr.

Paul de Kock, ce génie lumineux qui ternit chaque jour, n'aurait pas désavoué, au temps de ses meilleurs romans, *la Modiste et le Carabin;* c'est qu'il y a beaucoup de gaîté, d'observation de mœurs, de détails vrais, et surtout, ce qui est nécessaire dans un ouvrage de ce genre, un drame intéressant et habilement conduit.

—

MŒURS POPULAIRES.

LA FLEURISTE.

2 vol. in-8. — 15 fr.

—

L'IMPRIMEUR.

5 vol. in-12. — 15 fr.

—

LES DEUX CARTOUCHE

DU DIX-NEUVIÈME SIÈCLE.

4 vol. in-12. — 12 fr.

—

LE SERGENT DE VILLE.

2 vol. in-8. — 15 fr.

—

UNE FILLE DU PEUPLE,

ET

UNE DEMOISELLE DU MONDE,

ROMAN DE LA VIE INTIME.

2 vol. in-8. — 15 fr.

LE BARON DE LAMOTHE-LANGON.

Les nombreux succès obtenus par cet écrivain, le plus fécond, sans contredit, de l'époque, nous dispensent d'en faire l'éloge. Le public a lu tous les ouvrages de M. Lamothe-Langon, et chacune de ses publications est accueillie avec cet empressement que les précédens de l'auteur justifient et expliquent.

MADEMOISELLE DE ROHAN,

ROMAN HISTORIQUE.

2 vol. in-8. — 15 fr.

Bonaparte et le Doge.

2 vol. in-8. — 15 fr.

MONSIEUR ET MADAME.

2 vol. in-8. — 15 fr.

L'AUDITEUR AU CONSEIL-DÉTAT.

2 vol. in-8. — 15 fr.

LE GAMIN DE PARIS.

5 vol. in-12. — 15 fr.

Les flibustiers dramatiques ont déchiqueté ce livre pour en faire la pièce de ce nom, dans laquelle l'acteur Bouffé a montré un talent si naïf et si vrai.

CAGLIOSTRO,

OU

L'INTRIGANT ET LE CARDINAL.

2 vol. in-8. — 15 fr.

LA PRINCESSE

ET

LE SOUS-OFFICIER.

5 vol. in-12. — 15 fr.

LE DIABLE.

5 vol. in-12 — 15 fr.

Le Fils de l'Empereur.

5 vol. in-12. — 15 fr.

LE ROI ET LA GRISETTE.

2 vol. in-8. — 15 fr.

MAXIMILIEN PERRIN.

M. Perrin a su trouver de nombreux lecteurs en adoptant un genre dans lequel Paul de Kock n'avait jadis pas de rivaux; de la gaîté, un peu bouffonne quelquefois, des scènes qui ne manquent pas de vérité, de la facilité dans les détails ont assuré à cet auteur une assez belle place dans notre littérature romancière.

La Demoiselle de la Confrérie.

2 vol. in-8. — 15 fr.

L'AMOUR ET LA FAIM.

2 vol. in-8. — 15 fr.

LA FILLE DE L'INVALIDE.

2 vol. in-8. — 15 fr.

LA SERVANTE-MAITRESSE.

2 vol. in-8. — 15 fr.

La Femme et la Maîtresse.

2 vol. in-8. — 15 fr.

LES MAUVAISES TÊTES.

2 vol. in-8. — 15 fr.

SOIRÉES D'UNE GRISETTE,

EN L'ATTENDANT!

(*Deuxième édition.*)

4 vol. in-12. — 12 fr.

LA GRANDE DAME

ET

LA JEUNE FILLE.

2 vol. in-8. — 15 fr.

Le Prêtre et la Danseuse.

4 vol. in-12. — 12 fr.

LA COMTESSE O*** D***.

LA FEMME DU BANQUIER.

(*Deuxième édition.*)

4 vol. in-12. — 12 fr.

L'aristocratie financière a trouvé un rude historien dans l'auteur des *Mémoires d'une femme de qualité;* on sait la touche fine et délicate avec laquelle cette dame nous a initié aux petits mystères de la cour de Louis XVIII; elle n'a pas été moins heureuse en nous retraçant les infortunes conjugales d'un Turcaret du centre.

LE NOBLE ET L'ARTISAN.

4 vol. in-12. — 12 fr.

JACQUES-COEUR,

ARGENTIER DU ROI CHARLES VII.

2 vol. in-8. — 15 fr.

LA COUR PRÉVOTALE.

5 vol. in-12. — 15 fr.

L. COUAILHAC.

AVANT L'ORGIE,

ROMAN HISTORIQUE.

2 vol. in-8. — 15 fr.

PITIÉ POUR ELLE!

2 vol. in-8. — 15 fr.

SPINDLER.

LES TROIS AS,

2 vol. in-8. — 15 fr.

LE JÉSUITE.

3 vol. in-8. — 15 fr.

LA DANSE DES ESPRITS.

2 vol. in-8. — 15 fr.

Les traductions de l'auteur allemand sont dues à la plume élégante et facile de M. Carle Ledhuy, qui a entrepris de nous faire connaître les œuvres si estimées de Spindler; la *Nonne de Gnadenzell, le Jésuite*, ont prouvé que cette tentative n'avait pas été infructueuse pour les éditeurs.

CARLE LEDHUY.

LA BELLE PICARDE.

2 vol. in-8. — 15 fr.

Comment Meurent les Femmes.

2 vol. in-8. — 15 fr.

HYPPOLITE VALLÉE.

PAUVRE JEANNETTE!

2 vol. in-8. — 15 fr.

LA FIGURANTE.

4 vol. in-12. — 12 fr.

LE BIGAME.

4 vol. in-12. — 12 fr.

LES CHEVALIERS D'INDUSTRIE.

4 vol. in-12. — 12 fr.

L'ÉLÈVE DE L'ÉCOLE POLYTECHNIQUE.

3 vol. in-12.

ROMANS NOUVEAUX DE DIVERS AUTEURS.

LES VILAINS ET LES CONTREBANDIERS, chroniques jurassiennes, par BONVALLOT. 2 vol. in-8. 15 fr.

LA MARQUISE ET LA JOLIE FILLE DES HALLES, par Alfred de BEAULIEU. 2 vol. in-8. 15 fr.

LA PAYSANNE ET LE DANDY, par GUY-D'AGDE. 2 vol. in-8. 15 fr.

LE DÉMON DU MIDI, par Alfred de SERVIEZ. 2 vol. in-8. 15 fr.

LE VOLEUR ET LA GRISETTE, par Marie AYCARD. 2 vol. in-8. 15 fr.

LES DEUX COMMANDEURS, par Anatole GERBER, 2 vol. in-8. 15 fr.

LAURETTE ET JULIA, par madame de GENLIS. 1 vol. in-8. 7 fr.

UNE MAITRESSE DE KLÉBER, par MAIRE, 2 vol. in-8. 15 fr.

L'AMI INTIME, par H. VALLÉE. 4 vol. in-12. 12 fr.

LA FILLE DU PAUVRE JACQUES, par DESMOLIÈRE et CHAUFFER. 4 vol. in-12. 12 fr.

ROMANS NOUVEAUX SOUS PRESSE.

LES NUITS DE VERSAILLES, ou les Grands seigneurs en déshabillé, par E.-L. GUÉRIN. 4 vol. in-8.

L'ESPION RUSSE, ou la Société parisienne, par la comtesse O*** D***. 2 vol in 8.

LA CLOCHE DU TRÉPASSÉ, par le baron de LAMOTHE-LANGON. 2 vol. in-8.

LA MAITRESSE DE MON FILS. 2 vol in-8.

UNE CANTATRICE. 2 vol. in-8.

LES DAMES DE LA COUR, par E.-L. GUÉRIN. 2 vol. in-8.

LE BOUDOIR ET LA MANSARDE, roman entièrement inédit, par Michel RAYMOND. 2 vol. in-8.

LA DUCHESSE DE VALOMBREY, par madame JUNOT d'ABRANTÈS. 2 vol. in-8.

LES DEUX MOINES, par M. LEYNADIÈS. 2 vol. in-8.

NI L'UN NI L'AUTRE, par Auguste RICARD.

UN ROMAN, par G. TOUCHARD-LAFOSSE.

L'AMANT DE MA FEMME, par Maximilien PERRIN. 2 vol. in-8. 15 fr.

LA RUE DE LA FIDÉLITÉ, par le baron de BILDELBERK. 2 vol. in-8. 15 fr.

VIERGE ET MODISTE, par Maximilien PERRIN, 2 vol. in-8. 15 fr.

UN SERVICE D'AMI, par le baron de BILDELBERK, 2 vol. in-8. 15 fr.

REINE ET SOLDAT, par le baron de LAMOTHE-LANGON. 2 vol. in-8. 15 fr.

LAGNY. — IMP. d'A. LE BOYER ET COMP.

L'ESPION

RUSSE.

I.

Nouvelles Publications

EN VENTE

L'AMOUR D'UNE FEMME,

PAR CHARLOTTE DE SOR,

Auteur des *Souvenirs du duc de Vicence.*

2 vol. in-8. — 15 fr.

Les Deux Commandeurs,

PAR ANATOLE GERBER.

2 vol. in-8. — 15 fr.

ROI ET GRISETTE,

PAR LE BARON DE LAMOTHE-LANGON.

2 vol. in-8. — 15 fr.

LA CHAUSSÉE D'ANTIN,

Histoire du marquis de Sainte-Suzanne.

2 vol. in-8. — 15 fr.

AVANT L'ORGIE,

ROMAN HISTORIQUE,

PAR L. COUAILHAC.

2 vol. in-8. — 15 fr.

LAGNY. — IMP. d'A LE BOYER ET COMP.

L'ESPION

RUSSE,

OU

LA SOCIÉTÉ PARISIENNE,

PAR MADAME LA COMTESSE O. D.,

Auteur des Mémoires d'une femme de qualité sur Louis XVIII, de la Femme du Banquier, de l'Auditeur au conseil-d'état.

I.

PARIS,
CHARLES LACHAPELLE, ÉDITEUR,
75, RUE SAINT-JACQUES.

1838.

PRÉFACE.

Je venais de lire dans le journal..... le compte rendu de l'œuvre somnifère, prétentieuse et nauséabonde de M. T. M., et, aussi ennuyé de l'article que du livre, je m'écriai avec la vision céleste : *Théodore! Théodore! pourquoi me persécutes-tu?* C'est aujourd'hui un parti pris; tout spéculateur de littérature, en son propre et privé nom, achète *per fas et nefas* le droit d'écrire dans une, deux ou trois gazettes; dès lors lui-même prend en main la cause de son piètre livre, le prône, le vante, le pousse au ciel empyrée, puis envoie aux chers confrères le thème pareil, quelque peu défiguré; ceux-ci, à charge de revanche, insèrent l'éloge menteur dans leurs feuilles impudentes : dès lors nous avons un grand homme de plus, proclamé, conclamé, acclamé, admis, reçu, et à qui ses pairs chantent à l'oreille, et, certes, avec raison :

Dignus es intrare
In nostro docto corpore.

Je venais donc de lire une de ces mille déceptions de chaque matin, courant *l'une après l'une* (style moderne); et, pour la millième fois, je regrettais mon temps perdu, mon argent dépensé, en admirant l'audacieuse effronterie de ces nains vêtus en géans, de ces trompettes à la Fréron, qui propagent de si plaisantes renommées. Je les comparais à ces vertus du XIXe siècle, si drôlatiques, si élastiques, si pactisables avec Satan, et me répétais le vieux proverbe : *les deux font la paire*, lorsqu'un de mes amis arriva.

— « N'entrez pas, lui dis-je, ne cherchez pas à me voir, je suis courroucée, crispée, ennuyée, dégoûtée.

— « Oh! fit-il, je gage que vous lisiez tout à l'heure un journal, ou le livre, élucubration d'un journaliste.

— « Êtes-vous sorcier? répliquai-je.

— « Point n'ai tant d'honneur; mais peut-on se tromper sur le genre d'occupation de celui ou de celle qui nous jette à la tête *courroux*, *crispation*, *ennui*, *dégoût*, *maux*, etc., positions de l'ame qui ont une connexité entière avec nos grands hommes modernes. Vous leur avez fait grace du mépris, et, en ceci, j'admire votre bienveillance.

— « Ainsi, la littérature journaliste est pourrie jusques en la racine?

— « Oui, Madame, répliqua mon ami, homme de sens, de cœur et d'esprit;

D'adorateurs zélés à peine un petit nombre
Ose des premiers temps nous retracer quelqu'ombre.
(RACINE, *Athalie,* acte I, scène I.)

Et encore même leur sanctuaire n'est pas pur complètement; le bouc émissaire y a pris place, y feuilletonne, s'y donne des coups d'encensoirs. D'ailleurs, chaque jour, diminuent ces écrivains consciencieux qui songeaient plus à leur réputation qu'à leur fortune. Dans le *Journal des débats*, par exemple, dans le *Caput mortuum* de toutes les turpitudes, retrouverez-vous les Hoffman, les Dushault, les Maltebrun, les Dammartin, les Jondot, les Amar, les Augers, les Fellets, *qui depuis.....; mais alors il était royaliste.* Ces rares et dignes esprits ont disparu; d'autres modes d'existence, d'autres mœurs, d'autres ègles ont fait place à ce qui, jadis, avait pour nous tant de prix. On n'eût pas vu ces critiques accepter le dîner du prince que la veille ils auraient traîné dans la boue, et ce n'était pas du sein de l'adultère, par exemple, que, dans telle ou telle gazette, on eût péroré en faveur du saint nœud du mariage. Tout aujourd'hui a pris une face nouvelle; c'est un *hourvari*, un *tohu bohu*, un cahos, une macédoine. Feu Carême, d'ingénieuse mémoire, n'aurait pas craint de dire une galimafrée sans exemple. C'est une époque où le vice prêche la sagesse, où la grossièreté tient école de politesse, où, entre deux pipes, on fait de la galanterie à la Vaudreuil [1]; où chacun, prenant en main sa propre cause, s'accommode à sa guise au troisième, au quatrième ciel. Là, s'y campe en idole, s'y encense par soi, par autrui, par parens, amis, compères, camara-

[1] Madame de Sabran disait qu'elle ne connaissait que deux hommes qui sussent parler aux femmes : le marquis de Vaudreuil et Lekain. Nous approchions de la révolution; les gens bien élevés devenaient rares.

des, spéculateurs, agens de change littéraires, car la gloire, aujourd'hui, a sa bourse, ses joueurs, haussiers, coulissiers, marrons, accapareurs, entrepreneurs, que sais-je? On spécule sur tout, on fait argent de tout, et, depuis sept ans, on tient bazar de vente de la probité, de l'honneur, de la délicatesse, de l'héroïsme de certains que nous connaissons tous; là, on les marchande, on les crie, on les pousse, on les fait valoir. Tel étale fièrement sa fidélité impériale; tel autre fait masse de sa loyauté royaliste; celui-ci est neuf en fait de députation : ce sera la première; cet autre ne s'est vendu qu'une ou deux fois; celui là, républicain farouche, acceptera tout d'abord une belle livrée monarchique; celui-ci, il est vrai, change d'opinion à chaque gouvernement, mais a si bonne grace au parjure, qu'on le paie pour l'unique plaisir de l'entendre se parjurer sur un ton nouveau. Tels sont les hommes, Madame, dit enfin mon ami; telle est l'époque où tout se résume par la question suivante : Combien cela me rapportera-il? On laisse la honte aux laquais, la rougeur aux honnêtes gens; celui qui acquiert est non moins taré que celui qui se livre. Aussi, l'on est bon compagnon réciproquement : à quoi servirait de se jeter au nez les turpitudes que l'on rétorquerait si gracieusement contre le fripon de mauvaise humeur.

— « Mais, tout cela, m'écriai-je, est abominable; ces turpitudes *font mal au cœur* (style Montalivet). Ne nous sortira-t-on pas de cette mer de déceptions dans laquelle on nous plonge, ne pourrait-on pas voir ces messieurs et ces belles madames dans leur point de vue réel, et, en place des éloges à tant la page que se font prodiguer MM. d'Ar...., Di...., So...., Hu....., La...., ne pourrait-on pas voir, d'une manière ou d'autre, la société actuelle peinte de ses vraies couleurs, et où l'on appellerait un chat un chat, et, par conséquent, un fripon monsieur..... ou monsieur..... Je gage qu'au moyen de six cents noms on va remplir ces blancs.

— « Madame, répliqua la bête curieuse

(l'honnête homme mon ami), vous êtes servie à souhait ; j'apporte un manuscrit curieux, piquant, anecdotique, sincère, où un étranger naïf, en consignant la vérité, a montré Paris, à cette époque, sous tous ses aspects; où le mensonge ni la flatterie n'ont pas de place, et où, parmi une foule de traits instructifs, tragiques, comiques, nous sommes peints traits pour traits.

— « Quel est ce personnage? demandai-je précipitamment, est-il un Anglais ?

— « Dieu nous en garde !. ce n'est pas d'un habitant d'outre-Manche qu'il faut attendre de la franchise à propos des Français. Celui qui écrivit ces pages véridiques, dont voici la copie de sa propre main, était, car Dieu l'a retiré de ce monde pour l'élever peut-être à un meilleur, était un grand seigneur russe, un de ces knaïs (princes) du nord. Il appartenait à l'illustre et nombreuse famille des G...., et son souverain lui avait confié la mission secrète de sonder le tuf moral, d'y rechercher les eaux-vives. On nous avait montrés au puissant autocrate si vils, si nuls, si corrompus, qu'il tenait à savoir la vérité ; il la voulait tout entière ; il la demanda au prince..... avec cette insistance que les potentats, par malheur, mettent à exiger la flatterie et le mensonge. Sa majesté impériale, si indignement calomniée par ceux qui n'ont ni ses vertus privées ni ses qualités publiques, est, en Russie, un père pour son peuple, un père tout à la fois tendre et ferme, indulgent envers les étourderies, sévère pour les actes criminels. Son expérience, éclairée aux flambeaux de nos révolutions, croit inutile de faire passer ses sujets par les ères de 1789, 1792, 1793, etc., pour les faire arriver à notre bonheur datant de 1830 ; il croit que la religion, l'amour du prince, le respect dû au chef de la famille, la soumission aux lois, la conservation des droits réciproques, valent bien la liberté, l'égalité et l'anarchie révolutionnaire. Nicolas donc, instruit que le prince G.... désirait parcourir la France :

— « Allez, Monsieur, lui dit-il; observez cette terre d'égaremens et de combustion, mandez-moi exactement ce que vous aurez vu, ce que vous pensez des mille ou douze cents grands hommes que, bon an mal an, l'un portant l'autre, chaque gazette met au jour. Mandez-moi si les romans de M. M.... sont lus malgré les articles de la *Quotidienne* et même du *Constitutionnel* en sa faveur; si le *M*..... ou les *D*.... *C*....., que la *Presse* nous certifie l'emporter sur Richardson, Lesage et Walter Scott, sont adoptés par d'autres que par les héros des barricades, leurs *épouses*, *demoiselles*, etc. Faufilez-vous à la cour moderne, comptez-y ceux d'autrefois qui *l'ornent*, et tâchez de ne pas rapporter le ton des courtisans du jour. Voyez tout... oui, tous les théâtres, les artistes, les militaires, les savans, les littérateurs, jusqu'aux médecins; quant aux charlatans, cela va sans dire; pénétrez au faubourg Saint-Germain où pleure la fidélité respectable; parcourez les établissemens publics; interrogez force gens. Je veux savoir ce qu'on ignore encore touchant l'ancien régime, la république, le directoire, le consulat, l'empire, la restauration et la dernière révolution. Parlez à M. de Châteaubriand; faites jaser le sieur Dupin; entrez dans le sanctuaire Berryer et dans le bouge doctrinaire. Je ne vous en voudrai pas si, par amour pour moi, vous avez vu mauvaise compagnie. Les vainqueurs de Juillet n'ont pas eu le temps de se former aux belles manières et au langage excellent; n'oubliez pas surtout les deux sortes de comédiens, les politiques et les autres; approchez-vous même du soleil tricolore. A votre retour, vous prendrez des bains de mer; ils sont excellens contre la gale du corps et la lèpre de l'ame.

Tels furent à peu près les ordres qu'un digne souverain donna à son fidèle sujet; car, pour nous autres, gens du droit divin, nous sommes les sujets de notre maître, tandis qu'il ne nous plaît que d'être les citoyens d'un roi des Français.

— « La parenthèse achevée, poursuivit mon

ami, revenons au texte principal. Le prince, charmé de l'intérêt que le czar attachait à son voyage, s'engagea toutes les semaines à faire porter une lettre tantôt sur un sujet, tantôt sur un autre, toujours variée, ce qui a le même charme pour Saint-Pétersbourg que pour Paris; mais la mort, vilaine jouense, et de tout temps *mystificatrice*, ne s'est-elle pas avisée d'étendre sa luisante, longue et tranchante faux sur l'aimable et sincère Russe, au moment presque où il pliait bagage, où il s'en retournait des rives de la Seine à celles de la Neva. Les héritiers, dignes d'être Parisiens, tant ils se sont conformés à l'odieux usage de cette ville sans cocus, ont ordonné *une vente après décès*. Un commissaire-priseur, un huissier, un crieur, des marchands, ont profané l'appartement du prince; on a mis en vente ses correspondances galantes, qu'un jeune Français a acquises, afin de les faire croire siennes. Un pair de France, nouvellement nommé, s'est accommodé des archives de famille. M. le comte V.... a saisi l'occasion de se fournir d'ancêtres à meilleur marché que ne voulait les avoir S.... en enchérissant en bloc tous les portraits des aïeux du prince de G.... La différence du costume ne l'a pas arrêté; il dit, en montrant ses pères vêtus et barbés à la Russe, *que, dans ce temps, ces messieurs jouaient la comédie bourgeoise*, et cela passe pour vrai, car lui la joue depuis si long-temps.

Je me trouvais à cette vente, espérant y pêcher des autographes du temps réel, et non faits à Paris, ainsi qu'il y en a diverses fabriques, lorsque le crieur jeta sur la table de vente les poésies russes de M. D..., le Français, les odes ostrogothes de tel autre de mes compatriotes, un roman inédit de M. S......, et enfin le mirifique manuscrit du voyage à Paris du prince russe. La somme modique à laquelle on porta le lot me fit réfléchir sur la notabilité des réputations littéraires, et bien qu'en plus on y joignît une collection de *la Presse*, moins il est vrai les feuilletons du vicomte Charles de Launay, j'hésitai un instant si je me chargerais de choses d'aussi peu de débit; cependant l'envie de voir comment un Russe parlait de la France me fit enchérir de cinq centimes au dessus de la mise à prix, et, après les trois criées d'usage, le trésor complet fut à moi. Un honnête épicier de ma connaissance, qui voulait former l'esprit et le cœur de *sa demoiselle*, me paya un peu audesous de sa valeur la portion française ou ostrogothe du lot, et je me réservai le voyage. Je fus chez moi m'enfermer et en prendre lecture. Le prince, homme sévère et dur, nommait, comme je l'ai dit, *un chat un chat.* Il en est advenu que l'on ne peut imprimer sans retouche certains de ses portraits effrayans de vérité; il cause parfois longuement; et nous qui aimons qu'on aille au fait, ne pourrions soutenir ces dissertations et causeries sans fin; d'ailleurs, bien qu'il ait varié la matière, bien qu'il n'épargne pas l'anecdote, je crois que, pour que le public adoptât le pauvre livre russe qu'aucun journal n'adoptera, car ni lui ni moi ne tenons à cette oligarchie moderne; il faudrait, dis-je, que vous voulussiez renforcer les faits nombreux, les histoires singulières, les récits sombres ou gais du prince, par les trésors de votre mémoire : vous avez tant vu, ma belle amie.

— Dites vieille, répondis-je, ce sera plus exact. Hélas! ma tête est chenue. Les ans ont glacé mon imagination. La chute d'une dynastie si chère à mon cœur et au vôtre, les déceptions actuelles, les malheurs de nos maîtres, le triomphe des intrigans, tout pèse péniblement sur ma frêle intelligence; elles ne sont plus, ces époques de plaisir, de gloire, de succès, où, par loyauté, je faisais de l'opposition, où je me laissais qualifier de Jacobin par ceux à qui j'aurais donné ma vie, et qui, du moins, m'ont vu leur immoler ma fortune dans leur chute. Je n'ai chanté qu'eux; j'ai dédaigné le vainqueur, et je n'irai pas mêler ma voix aux accens de MM. Viennet, et Croult de Tourlaville. Je n'arriverai ni au matin, ni à midi, ni dans l'après-dîner, ni au soir, et à aucune époque; je ne prendrai ma part de la vie commune. J'abhore la république; je hais l'anarchie; et, adorant la race auguste de Louis XIV, je m'abstiens de conjurer et de toute attaque armée contre le pouvoir établi; mais les dieux exilés me paraissent dignes de mes hommages; je ne dois à ceux qui se sont emparés de l'Olympe, à l'aide des Titans, que soumission et finance. Au reste, Plutus connaît la valeur de l'or, et celui-là n'a pas suivi en Ausonie la race déshéritée du grand Jupiter.

— « Voilà qui est bien, dit mon ami; j'admire ces nobles sentimens, mais vous plairait-il d'accepter le travail que je vous propose.

— « Avant que de m'expliquer, répondez à ma question. Votre Russe, comment pense-t-il?

— « Il vénère ce que nous vénérons, et brûlerait ce que nous brûlerions.

— « Ah! oui... Un chiffon à loques de couleurs bariolées... Eh bien! soit; laissez votre manuscrit sur mon secrétaire; je le lirai, l'annoterai; j'y glisserai ce qui pourrait le rendre plus piquant; je n'en retrancherai que le bavardage inutile, ce bruit de mots qui, aujourd'hui, remplace les pensées.

M. de ...., charmé de mon acquiescement, partit. J'ouvris l'énorme volume; je le lus avec cette conscience que n'ont plus messieurs des feuilletons; je l'analysai; véritable travail de forçat! et, après y avoir intercalé ce qui m'a semblé utile à son succès, s'il doit en avoir, Le voici tel qu'il est, sans que je le dise le mien.

Je préviens le lecteur qu'aucun journal ne le vantera. L'esprit de corps, les bons royalistes de province, si purs, si niais, s'imaginent, par exemple, que, dans leurs journaux, on fouette selon son mérite la pâle production d'un dynastique de *la Presse* ou du *Constitutionnel.* On a garde de gouailler un confrère avec qui, peut-être, on travaillera demain; ce serait une école; on le porte aux nues, on en déguise le venin sous des éloges coupables; mais, en revanche, malheur au royaliste qui n'est pas *du corps* : ce drôle-là paie pour les autres ; et, comme il faut faire montre d'impartialité, le plus pur feuilletonnier signalera toujours comme l'écrivain le plus pâle, le plus sot, le plus niais, l'homme de lettres indépendant, qui ne se rattache par quelques chaînes à aucune gazette ; c'est dès lors un paria, un misérable, lu seulement des laquais et des servantes, fût-il d'ailleurs bien né et de vraie bonne compagnie. Alors que, par une mesure opposée, celui qui n'a ni délicatesse dans le style, ni pudeur dans l'ame ; celui qui, né dans la classe inférieure, en conserve les manières, le ton, les phrases, l'ignorance ; celui-là enfin qui écrit dans les journaux de la sentine, dite juste-milieu, deviendra tout à coup sous la plume du gazettier royaliste, un chevalier sans peur et sans reproche, à la phrase suave, aux tableaux de haute société, et les postiches d'estaminet où il introduit nos duchesses, nos marquises, ont la fine fleur de galanterie de notre vieille cour.

Royalistes de province, voilà ce qui tous les

jours arrive, ce que vous ne voyez pas encore, ce que vous ne concevez pas; un jour pourtant vous apprendrez qu'avant le royalisme, il y a la camaraderie, et qu'on n'hésite pas à vous proposer du poison en guise de miel, par cela seul qu'il sort de l'officine d'un compagnon de bureau.

LA FEMME DE QUALITÉ.

I.

LE DÉBUT A PARIS.

Recherche d'un logement. — Hôte d'Angleterre. — Ambassade russe. — Comte de Palhen. — Comte de Médem. — M. de Spie. — M. de Kisselef. — M. de Tolstoy. — M. de Mettchersky. — Comte Schouvaloff. — M. Anatole Demidoff. — Celui-ci en particulier. — Des insensés.

Mon premier soin, en touchant le sol parisien, fut d'y chercher un nid, c'est-à-dire un appartement où je pusse me retirer lorsque la fatigue nécessiterait le repos. Un gentilhomme français, que j'avais rencontré à Varsovie, m'y donna l'adresse de l'hôtel d'Angleterre, le plus confortable du faubourg Saint-Germain. D'une autre part, un Juif polonais, allié de Rotschild, m'avait, à Vienne, recommandé je ne sais quelle maison de la Chaussée-d'Antin; un gros négociant de Munich me conseilla de me *caser* rue des Bourdonnais; et un joueur déterminé, avec qui je soupai à Strasbourg, prétendit qu'un homme comme il faut doit prendre pied au haut de la rue de Richelieu ou sur le boulevard Italien, aux alentours de Frascati ou du cercle des étrangers, etc.

C'était pire que l'âne de Buridan ; et j'allais d'une carte à l'autre à mesure qu'ayant dépassé Saint-Denis, je m'approchais de la grande ville. Ces divers quartiers, si chaudement recommandés, m'étaient tout un; j'allais au hasard, à l'inconnu... hésitant, cherchant le meilleur gîte, lorsque tout à coup le postillon qui me conduisait, se retournant :

— « Où va son Altesse ?

— « Où ?... répétai-je, où Dieu voudra, mon ami.

— « Dans ce cas, poursuivit le gaillard compère, si cela est égal à Monseigneur, je recommande à Monsieur son premier valet de chambre l'hôtel de Gascogne, tenu par un de mes cousins, rue Royale, au centre de la ville des Anglais, près des Tuileries et des Champs-Élysées; j'ajouterai de la cour. Mais, à présent, qui y va? poursuivit-il en faisant une moue particulière. Imaginez-vous, Monseigneur, que mon cordonnier danse au château avec les princesses, car il est lieutenant d'une compagnie de garde nationale, et ma blanchisseuse enfin a eu deux fois l'honneur de figurer aux rangs des dames invitées, parce que la femme d'un gros fabricant de chandelles, qui est sa cousine, lui a repassé les billets... Ah! dam! c'est tout simple, faut ben que le peuple souverain aille à sa cour. »

J'écoutais cet homme; il me faisait rire, il exagérait visiblement.

— « Ainsi, dis-je, va donc qui veut au château?

— « Oui, prince; tout Français en tenue de garde national peut s'aller taper chez le roi de son choix d'une bouteille de vingt-quatre, et même cachetée. Oh! les rafraîchissemens n'y font faute; je connais les fournisseurs de la bière, du cidre et des échaudés. »

Ce nouveau genre de munificence royale me surprit; je m'étonnai qu'on la comparât tant à celle de Louis XIV. Cependant, je soupçonnai le drôle de républicanisme; ceci me jeta dans une méchante humeur dont son parent paya les pots cassés; je fis semblant de me remémorer l'injonction d'un de mes compatriotes, et lui indiquai l'hôtel d'Angleterre, où je descendis triomphalement.

Reçu là avec une obligeance rare, je tardai peu à me trouver confortablement établi; on me donna un appartement au second étage, entre cour et jardin, très-élégant, fort complet, où l'on jouissait du calme pur au milieu d'un tumulte effroyable, et où je me délassai avec délices de la rapidité de ma course, depuis la frontière à Paris.

Mon premier soin fut de consulter le plan de la grande ville. J'étais habitant du faubourg

Saint-Germain, faubourg où loge la majeure partie de l'ancienne noblesse, et que Napoléon, dans sa mauvaise humeur, qualifiait de royaume. Là, je serais à deux pas de certaines familles respectables que je voulais voir, les Montmorenci, plusieurs branches de Larochefoucauld; les Brissac, les Luynes, les Mortemart, les Duras, les Montesquieu-Fezenzac, les Castrées, les Levis, etc., toutes réfugiées dans le *noble faubourg*, où elles attendent, pleines de confiance en Dieu, la fin de la tempête. Je fus charmé d'avoir planté aussi près d'elles mes pavillons.

J'avais un devoir à remplir en arrivant, le premier de tous, celui de me hâter de faire ma révérence à l'ambassadeur de sa majesté l'empereur de Russie. Le comte de Palhen me reçut avec la grace qui le caractérise, sa bonté bienveillante, son obligeance, sa circonspection, bien qu'il sache conserver son rang, et qu'il ne perde jamais le souvenir du prince auguste qu'il représente. Son hôtel me fut ouvert dès le premier instant.

— « Vous vous amuserez peu ici, me dit son excellence; les étrangers, à Paris, recherchent moins les gens de leurs pays respectifs que les sociétés françaises; ils ont raison : on se retrouve avec les siens pendant quelques années, tandis que la ville florissante où nous sommes, il faudra la quitter un jour pour ne plus la revoir. Prince, poursuivit-il, jouissez des plaisirs qu'elle procure; vous êtes jeune, rappelez-vous que dans le nombre il y en a d'amers.

— « Grace à Dieu, repartis-je en souriant, je déteste le jeu, méprise les vices grossiers, et l'amour, la bourse à la main, m'est aussi odieux que la raison perdue en vidant trop de bouteilles. »

Sur ces entrefaites, entrèrent le comte de Médem, conseiller de notre ambassade, et M. de Spie, qui en est le premier secrétaire. Son excellence nous présenta réciproquement les uns aux autres; et puis, m'ayant engagé à dîner pour le lendemain, s'en alla à je ne sais quelle conférence où il assistait régulièrement.

Ses représentans me mirent en rapport avec les second et troisième secrétaires; MM. de Kisseleff et de Tolstoy, le prince Mestcherschy, le comte de Schouvalof, d'une famille chère aux lettres, et M. Anatole Demidoff, étaient attachés à l'ambassade par la volonté de notre auguste souverain.

Il me fallut peu de temps pour me lier avec celui-ci d'une amitié tendre et solide. M. Anatole Demidoff, fils puîné du plus riche seigneur russe, a eu pour sa part, dans la succession paternelle, près de trois millions de revenu; au reste, lui et son frère aîné, le comte Paul, n'ont pas divisé leur belle fortune; amis encore plus que frères, ou, pour mieux dire, vertueux autant que nobles, ils sont unis, et jamais on ne les a vus, inquiets et avares, diminuer leur patrimoine en se soumettant à l'avidité des gens de loi.

M. Anatole Demidoff affectionne Paris, où il habite un magnifique hôtel rue Saint-Dominique. De belles collections, précieuses par le choix, par la matière, par la main, qui en forment les chefs-d'œuvre, attestent son goût exquis, ses connaissances solides; partout on retrouve, dans les riches salons de sa demeure, les décorations pieuses si communes en Russie, et que l'irréligion française a le tort de trouver si étranges.

Mon ami se recule de ces extravagances qu'affectionnent certains étrangers; il ne prodigue pas son argent à la canaille, à des créatures perdues, à recouvrir les traces d'orgies dégoûtantes; mais il protége les arts en achetant leurs miracles; il va chercher l'infortune, la plaint et la secourt; ses écuries sont bien tenues sans doute, mais il n'en fait pas son salon de compagnie, se croyant, sans vanité toutefois, au dessus de la société de ses grooms. Je gage qu'aucun fort de la halle, qu'aucun pilier de mauvais lieu, ne connaît sa figure et ne prononce pas son nom; d'autres, moins heureux, n'en pourraient dire autant. Aussi, le mépris et la déconsidération du public luttent déjà avec leurs richesses exagérées.

Quel triste moyen d'occuper les cent bouches de la Renommée, que de se choisir pour trompettes les habitués des Folies-Dramatiques, du Petit-Lazary et de Franconi. Plus tard, je citerai les turpitudes de ces insensés qui se déshonorent afin qu'on s'occupe d'eux, et qui vont à la postérité par le sentier du discrédit et du ridicule.

Parmi les passe-temps de mon ami Anatole, je dirai qu'un jeune homme de son âge, son parent de sang, sinon de nom, bien élevé, gracieux, aimable, qui suit honorablement la carrière diplomatique, et auquel, dès leur adolescence réciproque, il portait un tendre et pur intérêt, venant à se marier, son frère Anatole — car il est des attachemens modernes qui rappellent les anciennes confraternités d'armes—son frère, dis-je, a figuré au contrat pour une rente annuelle de cent mille francs qu'il ajoute à la fortune très-suffisante des jeunes époux; et ce don géant a été fait avec tant de simplicité, de désir de le cacher à tout le monde, qu'il donne l'envie folle à ceux qui le savent de le crier, comme on dit, sur les toits.

Songez, pour pouvoir distraire d'un porte-feuille quelconque une rente de cent mille francs, à combien de viles créatures, de fripons marchands de chevaux, d'usuriers de toutes classes, il a fallu ravir leurs revenans bons. Les riches ne sont pauvres que parce qu'ils éparpillent inutilement ce qui leur procurerait la plus glorieuse existence; ils accordent aux vices ce que dès lors ils refusent à l'amitié et au malheur! Plaignons-les et ne les imitons pas.

II.

UN VALET DE CHAMBRE.

Gustave tout court. — Le domestique de la Providence. — Les fripons toujours en règle. — Citation de l'Arioste. — Le bon valet.

Je manquais de valet de chambre français; le premier sur lequel j'avais mis la main à mon entrée en France m'ayant volé à mon débotté, m'avait mis en défiance. Et, comme tout d'abord on m'offrit pour le remplacer un Normand ou un Lorrain, je fus assez injuste pour admettre le préjugé injuste qui s'attache à ces habitans, très-honnêtes sans doute, des anciens duchés de Neustrie et de l'apanage d'une branche des rois de la race de Charlemagne.

Me voilà donc refusant un équivoqueur, fils du Calvados, et un parcimonieux enfant de Nancy; et, pressé néanmoins par la nécessité, je demandais mon valet de chambre à la Providence ou à ce qui, à Paris, est la même chose, aux bureaux de placemens. Les jours fuyaient, et l'homme indispensable ne me venait pas.

Hier matin (je suis depuis trois jours dans la grande ville), mon fidèle *Moudjick* qui s'ébahit qu'un Russe puisse avoir besoin d'un infidèle, d'un chien de Français, car ils ne prient ni Dieu ni n'invoquent saint Nicolas; mon valet russe donc, entré dans ma chambre et après le nombre des protestations requises par l'usage, prend mon ordre pour savoir s'il laissera entrer un *musieu* qui me demande.

— « Oui, dis-je, qu'il entre. Si c'était l'homme en question?

Dmitri ressort et reparaît, précédant un jeune homme de haute taille, à la mine altière, aventureuse; aux yeux bleus et flamboyans, armés d'éclairs, d'ironie, de dignité; sa figure bien dessinée et pâle; sa bouche parée d'une légère moustache noire comme la chevelure, en dépit des yeux, est coupée à ravir; son nez est celui que doit avoir l'homme dont le caractère est supérieur, c'est-à-dire aquilin, bombé légèrement, sans rien tenir du perroquet par la pointe; ses dents étaient belles : deux paraissaient avoir été visiblement fracassées par une balle. Plusieurs traits de petite vérole, des couleurs plus rouges que roses, plus fixes que disséminées n'embellissaient pas beaucoup cet ensemble d'ailleurs agréable; la taille cambrée, bien prise; le bas du corps comme si on l'eût copié d'après l'antique; enfin les pieds et les mains possédaient ces formes mignonnes, effilées, élégantes, type immanquable du *pur sang* que jamais la roture marchande ou l'ouvrier ne purent obtenir de leurs travaux pénibles et grossiers; joignez à tout cela des poses aisées, simples, nobles, majestueuses; bref, un tel ensemble que je m'attendais à ouïr le nom d'un des *premiers barons chrétiens*[1], d'un des *maréchaux héréditaires de la Foi*[2] ou d'un rejeton du Créquy célèbre; lorsque, à mon inconcevable surprise, l'organe suave, sonore et doux de mon inconnu me fit tomber de mon haut en me disant :

— « Monsieur, j'ai appris que vous demandiez un domestique.

— « On le recommande de vous, n'est-ce pas? dès lors je ne doute point....

— « Non, Monseigneur, je ne *patronne* personne; moi-même aurais besoin d'un protecteur que je ne trouve pas.

— « Vous, Monsieur! m'écriai-je malgré moi, vous; et par quel jeu voulez-vous descendre de votre place?..... »

[1] Titre de l'illustre maison de Montmorenci.

[2] Titre que prend la maison de Léon, parce que l'un de ses ancêtres était sergent d'armes de Simon de Montfort en 1209.

Je m'arrêtai, et lui avec un second soupir :

— « La nécessité, me fut-il dit cette fois d'une voix ferme, m'oblige à prendre du service, à me mettre en condition. »

Ses joues pâlirent; de grosses gouttes de sueur coulèrent de son front.

— « Et qui a pu vous congédier? dis-je vite.

— « Nul encore; le prince G.... sera ma première condition... j'aime à croire qu'il sera la dernière.

— « Ah! vous n'avez jamais servi ?»

Je dis cela comme j'aurais dit bonjour ou bonsoir à Ponce-Pilate, tant j'étais distrait et préoccupé.

— « Non, jamais... en maison au moins, ajouta-t-il avec un fier sourire; car j'ai porté le mousquet.

— « Pourquoi n'y avez-vous pas cherché fortune?

— « On m'a congédié... Mais ceci, Monseigneur, c'est *notre affaire;* je voudrais vous plaire, vous convenir.

— « La chose est faite, repartis-je, pour peu que les certificats soient satisfaisans...

— « Je n'en ai pas, me fut-il répondu rudement.

— « A qui, du moins, faut-il demander qui vous êtes ?

— « A nul au monde, prince, pas même à moi ; car, après mon nom, Gustave, que je vous dirai, ne me demandez, je vous en supplie, ni mon pays, ni quelle est ma famille ; où j'ai vécu, d'où je viens.

— « Cependant l'usage.....

— « Oh ! je le connais ! Tout fripon rusé, chassé de dix maisons, sortant des galères, vous présentera son portefeuille rempli de certificats, d'attestations nombreuses, imposantes ; il sait où on les fait, quand il ne les arrache pas lui-même à l'indolence et l'improbité de maîtres qui valent souvent moins que lui...

— « Vous avez raison, Monsieur ; cependant.....

— « Saurez-vous mieux qui je serai, parce

que je vous viendrai avec l'attache flétrissante de ces escrocs qui, pour la plupart, tiennent des maisons de placemens; eux qui, eux-mêmes, auraient tant besoin qu'on répondît de leur équivoque probité... Prince, poursuivit cet être étrange, n'êtes-vous pas physionomiste? ne trouvez-vous pas que je porte en moi mon certificat d'origine. Il y a des fronts que la honte ne courbe pas, des bouches qui n'ont jamais menti; les gens de bien devraient se reconnaître. Croyez-moi, essayez de Gustave sur sa parole, vous vous en trouverez bien; vous lui donnerez la vie, car le besoin et la faim sont d'étranges conseillers.

— « Que dites-vous, jeune homme?...

— « Pensez-vous que je me serais déterminé à cette terrible démarche, si une ressource quelconque me fût restée; je n'en ai plus. Si je sors sans être à vous, j'irai dans la rue, entre deux crimes; un tenté contre moi, je l'envisage; l'autre si vil, si bas, si indigne que je le dédaigne, bien certain de n'aller jamais à lui tant que l'autre ne me manquera pas.

— « Vous êtes, Gustave, un singulier personnage, et votre prétention est presque folle.

— « Je le sais.

— « Je suis riche, j'aime les bijoux de prix, j'ai des diamans pour une valeur considérable ; j'ai apporté de fortes sommes afin de pourvoir aux frais du voyage, et vous voulez que j'abandonne tout cela à un inconnu.

— « Inconnu, non, Monseigneur, mais à Gustave qui jure de ne forfaire jamais à l'honneur; quel écrit signé, scellé d'un cachet obscur, vous en dira plus que cette parole. »

Je ne sais comment cet homme me regarda ; quelle magie il mit dans ses discours, quel entraînement d'ensemble il y eut tout en lui ; ce que j'affirme fut que, nonobstant les règles connues de la prudence, qui ordonne impérieusement de se méfier de quiconque n'a ni papiers, vulgairement dits passe-ports, ni carte de sûreté, quittances d'impositions, certificat de bonne vie et mœurs, et fallacieuses attestations d'excellence de service de domesticité, est aux yeux du propriétaire, du juge, du gendarme et surtout du garde national, moins qu'un chien et certes pas un homme. Ainsi, dis-je, sans papiers, sans que je susse ni ses autres prénoms, s'il en avait, ni son nom de famille, ni son pays, ni son ex-profession.

Mais le moyen de résister à cette voix entraînante, à cette parole impérieuse et retentissante; à ce front toujours élevé, à ces yeux toujours vous regardant, afin, à son tour, de s'exposer à une investigation ardue; à cette démarche à la fois hautaine et modeste, facile et réservée; non, certainement, ce n'était pas un odieux prolétaire sorti d'une hutte campagnarde, ou descendu, un jour, d'une mansarde de Paris. Une légère inflexion de voix annonçait le Français du nord du royaume, et la blancheur de son cou, mieux encore, s'opposait à ce que lui-même fût une plante exotique du midi.

Dès que ce jeune homme, qui paraissait

avoir vingt-cinq ans environ, fut certain que je ne le congédiais pas avec un refus poli; lorsque, au contraire, je lui eus dit que je le prenais à mon service, ainsi qu'il en avait tant le désir, je vis subitement sa physionomie inquiète, attentive, se raffermir; ses yeux troublés brillèrent d'une flamme nouvelle, et son corps, se redressant, gagna au moins trois pouces dans sa taille aisée, cambrée et si avenante.

Il me remercia avec une effusion modeste et exempte de servilité; ses mots étaient soigneusement médités, et portaient la conviction, à leur tour, de la pureté de l'ame; enfin si tout en lui me charma, tout en lui laissa connaître son contentement intérieur; mais voici qu'au milieu de sa félicité une pensée pénible le tourmenta, le désespéra même, car il redevint pâle, troublé; et, d'une voix émue :

— « Monseigneur fait-il porter la livrée à ses valets de chambre?

— « D'où sortez-vous, Gustave, repartis-je

à mon tour, et où avez-vous vu les couleurs d'un maître sur le vêtement de son *primo cameriere?* Que messieurs d'aujourd'hui le fassent, je le conçois : souvent leur premier valet de chambre leur tient lieu de cocher, de groom, de cuisinier et même de galopin. Vous n'endosserez que le frac ou l'habit habillé noir, et vous porterez cette épée qui peut faire croire à votre propre gentilhommerie. »

Gustave sourit de rechef, et cette expression d'hilarité procurait à son visage l'éclat d'une décoration des jardins d'Armide venue à la suite des ténèbres, et de la laideur de l'autre, de la haine au demeurant. Sire, cette comparaison toute poétique n'est pas de moi, mais bien de l'Arioste, où on la trouve autrement spirituelle, fraîche, étincelante de grace et d'éclat dans ce chant de l'immortel Roland-le-Furieux, où Bradamante empêche que la dame de certain château ne mette à la porte, par une nuit noire et un temps froid, la demoiselle de Danemarck, avec ses trois rois du Nord.

La pensée ne me vint pas un instant non plus que ce brillant jeune homme appartenait à la police; toute mauvaise croyance s'évanouissait à sa vue, et on ne le parait que de qualités précieuses et de nombreuses vertus. Une heure après, il était installé, et, deux heures plus tard, il me semblait déjà que nous étions ensemble depuis plusieurs années. Je sortis et lui remis mes clefs avec la certitude telle qu'il ne me paraissait pas possible que celui-là fût un homme trompeur.

En effet, de retour, je le trouvai un Pascal à la main. Ma chambre, mon cabinet, mes papiers, mes livres, mon linge, avaient trouvé leur place perpétuelle, plus commode que je ne l'aurais imaginée. Gustave me servait avec un zèle rapide, une affection chaleureuse. Bref, de minute en minute, j'en devins de plus en plus enchanté. J'avais trouvé la pie au nid, la merveille des serviteurs; jamais celui-là ne buvait un verre de vin de trop, ni ne sortait inconsidérément, occupé sans relâche de ses devoirs ou de me complaire. Aussitôt qu'il avait terminé sa besogne, il se retirait dans un coin écarté de l'appartement; là il lisait ou un livre grave ou des poésies, ou souvent les feuilles périodiques; ceci uniquement me déplaisait. Je me mourais de frayeur d'avoir mis la main sur un républicain, un carbonaro, un franc-maçon, que sais-je? Alors l'envie de questionner ce bon garçon me prenait, et en même temps une voix intime ne cessait de me répéter que celui-là m'échapperait si je m'obstinais à le quereller sur un cas en dehors du pacte qui nous liait réciproquement; enfin j'avais dans Gustave l'inconnu (c'était le nom de maison que je lui donnais), la perle des cameriere, ai-je dit, et malheur à moi le jour où nous nous séparerions.

III.

LA FEMME FORTE DE L'ÉVANGILE,

OU LA BARONNE DE LAROCHEFOUCAULT.

Diverses sociétés. — M. de C... — Vêtement à la mode. — Le vicomte de L... — Madame la baronne de Larochefoucault. — Le baron de Larochefoucault. — M. Albert de S..... — Le Panthéon ou Sainte-Geneviève. — Mirabeau, Marat. — MM. Guizot et de Cassicourt. La croix du dôme.

Il y avait à Paris, et il y a encore cinq ou six classes de société que je désirais voir les premières : celle se composant des débris presque éteints de l'ancien régime de la cour infortunée de Louis XVI et de la malheureuse reine Marie-Antoinette; la seconde était celle mélangée des farouches sans-culottes et du voluptueux directeur; la troisième me mettrait en présence des hautes célébrités du consulat et de l'empire, époque de gloire, de grandeur et d'étonnans revers, où l'on avait fini par se coucher sur des lauriers et où l'on se réveillait au bruit de la foudre qui précipitait au fond de l'abîme et du gouffre béant. La quatrième, alliée de la première sans se confondre ensemble, celle qui aurait hanté les Tuileries pendant la restauration, qui aurait été assez heureuse pour faire sa cour à leurs majestés Louis XVIII et Charles X, à leurs altesses royales ; ces princes et princesses si cruellement frappés par le malheur et dont un ne survivait pas à la révolution dernière. La cinquième se compose des fidèles au roi citoyen, moyenne, petite troupe et grossie furieusement par l'adjonction de l'avocasserie, de l'avouerie, des huissiers recors, gardes-du-commerce, gros banquiers, négociants *cossus*, petits détaillants, boutiquiers, gens de suif, de vieille morue, de menue mercerie, de ferraille, Auvergnats de bric-à-brac, de la rue de Lappe, et tous habitués aux fêtes de la jeune royauté civique, attendu le haut bout qu'ils tiennent dans la garde nationale.

A part ces cinq cotteries, je tenais à voir de près la banque, le haut négociant, la robe haute et basse, les savans, les littérateurs et jusqu'aux journalistes. Les monumens sans doute piqueraient ma curiosité, mais le Français moderne dans toutes les diverses castes me semblait bien autrement important et propre à m'offrir de l'intérêt.

J'avais, comme je l'ai dit, des rapports de rang d'hospitalité réciproque avec le noble faubourg. La recommandation d'une Polonaise singulièrement jolie en 1812, et presque vieille tout dernièrement, me répondait de la confiance de son excellence le duc de Bassano; mon cuisinier de Saint-Pétersbourg, Français de sang, se trouvait demi-frère d'un chef journaliste, et démagogue conséquemment. Aussi était-il de ceux qui, par dépit de ne pouvoir faire oublier leur médiocre naissance, espéraient la faire disparaître sous de larges plaques de sang. M. Ancillon lui avait remis des lettres de créance, tant elles étaient amicalement diplomatiques, à l'adresse de M. Guizot. Je comptais sur une lettre de feu madame de Staël pour m'ouvrir la maison du duc de Broglie; avec un grain d'encens je me forcerais la maison de Georges Lafayette; mon titre princier serait la clé du salon Lafitte. Puis on m'y avait recommandé à l'aimable M. de Jouy, à la chauve-souris S..... J'espérais du bon hasard la rencontre des romantiques et de la jeune France. Enfin, je ne désespérais pas de faire du même coup mes complimens aux deux meilleurs prosateurs de l'époque, madame Georges Sand et l'abbé de La Mennais. Je savais qu'avec l'appui du prince Paul de Wurtemberg je pénétrerais dans le cabinet d'Odillon Barrot, dans la salle à manger de Berryer. Enfin, et en somme, désespéré, déterminé d'ailleurs à tout entreprendre, à tout tenter, à tout souffrir, à tout payer pour contenter mon vaste appétit de curiosité, j'étais capable de me faire présenter au petit Thiers, au long Madier-Monjeau, au carbonaro défunt Barthe, au brusque Dupin et à la majesté citoyenne.

Certes, je déroule là un plan vaste. Je l'ai rempli, j'ai vu, ouï, recueilli, enlevé, connu, ce qu'il y a de plus piquant dans l'époque actuelle. Les comédiens de quinze ans m'ayant ouvert leurs loges dramatiques, je les y ai rencontrés sans voiles, sans costume, et hésitant par exemple, lors des fêtes du mariage d'Orléans, sur le costume qu'ils revêtiraient parmi la masse compacte de tous ceux qu'ils avaient endossés depuis 1789.

J'avais hâte de bien voir et surtout de ne pas perdre de temps. Aussi, lorsqu'à ma première sortie on me proposa de me conduire aux églises de Paris :

— « Ah! fis-je, j'ai tant vu le soleil, c'est-à-dire de belles cathédrales, que je préfère examiner de plus près les hommes de ce temps. Quelle antiquité égyptienne ou turque; quelle bizarre production des trois règnes de la nature est préférable, je le demande à l'assistance, à une séance de la chambre des députés, à la prestation de serment de fidélité de ce M. de C....., qui, d'écuyer de monseigneur le duc de Bordeaux est devenu le chevalier d'honneur de la princesse Hélène. Par le temps qui court rien ne vaut tant comme une grosse turpitude humaine, comme le cynisme des apostasies.

Huit jours néanmoins s'écoulèrent pendant lesquels je me fis vêtir par les ouvriers à la mode; qui d'entr'eux fournit l'habit et la redingote, qui les gilets, qui les pantalons, culottes courtes, qui les bottes, les souliers, les gants, les cravates, les cravaches et le reste. Car l'élégant par excellence n'accorde à aucun artiste à ciseau double l'universalité des inventions; tel coupe un collet digne de Jupiter, qui ferait grimacer horriblement un gilet à la Robespierre; l'artiste coiffeur, qui taille les cheveux sans laisser à désirer, ne ferait pas convenablement une perruque, et l'inventeur de celle-ci pâlit devant le premier faiseur de faux toupts. Il résulte de cette distribution de génies, de spécialités, que la masse est énorme d'artistes supérieurs qui doivent concourir à l'ensemble de l'*habillé* ou de la *toilette* (terme d'ex-antichambre, que l'on a naturalisé dans des demi-salons) d'un élégant délicieux, on n'ose plus dire de bonne compagnie ; tout à changé.

Jadis il fallait, pour plaire, frapper les yeux, réussir, être bien élevé et se distinguer par une fine fleur de galanterie ; aujourd'hui les femmes ne distinguent pas le jeune tailleur endimanché d'un naturel du faubourg Saint-Germain. Elles ne demanderont à l'un et à l'autre qu'une jolie figure et assez d'ignorance pour ne pas bâiller, rire et rougir de la leur.

Lorsque je fus sous les armes, lorsque le vicomte de L.... eut passé sur mon ensemble ce qu'il appelait la revue de l'inspecteur, il daigna me dire gravement :

— « Bien, très-bien, pour un Russe, c'est au mieux : si vous vouliez, vous pourriez passer pour un Jeune-France.

— « Que Dieu m'en préserve, répliquai-je. A quoi bon me vieillir d'environ trois cents ans ; le tout pour faire rire les gens raisonnables.

— « Ainsi, les merveilles de pierre, celles de toile ou de marbre, c'est-à-dire les monumens, les tableaux, les statues, ne vous attirent pas au premier instant.

— « Je préfère voir des hommes, des femmes, la bonne compagnie.

— « Oui, commencer par la queue, vous nourrir d'abord de miel et de rose, pour n'avoir plus que du dégoût; du reste, cependant, soit fait selon votre désir; allons voir la baronne de Laroche...

— « Une jeune femme, vicomte ?

— « Une manière de sainte, noble comme Adam, de son côté. Quant à celui de son mari, le nom seul en atteste l'antiquité. Bonne, simple, charitable, pratiquant tous les principes de l'Évangile, possédant les vertus de la femme forte de Salomon, elle remplit dans la société chrétienne l'emploi de fille de charité. C'est une sœur de saint Vincent, mariée et mère; hâtez-vous de lui être présenté. Je meurs d'effroi que le Ciel ne se hâte dela reprendre. Son défunt mari, lieutenant-général des armées du roi, l'a précédée dans la tombe. C'était un de ces types de foi, de loyauté, d'honneur, d'indulgence, de force dans le malheur, d'abnégation dans la fortune. Devenu pauvre avec la révolution, il rendit sa misère vénérable. Sa fidélité ne fit jamais une concession à la richesse. Celle-ci, un jour, lui arriva chaste, pure, telle qu'il la lui fallait; car, certes, il ne l'eût pas acceptée souillée, flétrie, puante, ensanglantée, mouillée des larmes de ceux à qui on l'arrachait. Le roi, rentré, lui donna en partie ce qu'il avait perdu. La baron de Laroche..., admis dans la chambre des pairs, y apporta sa probité inflexible, son royalisme sans tache; et à sa mort, le roi dit : J'ai perdu un cœur d'or. La baronne, profondément affligée, porta sa douleur au pied de la croix. Elle redoubla de bienfaisance, de charité, d'amour du prochain. Elle exerça dans le département de l'Aude, où son mari avait de belles propriétés, un patronage tout d'entraînement, de bienveillance. Les libéraux, haineux et rongés d'envie, lui pardonnèrent sa naissance, excusèrent son rang en faveur de ses prodigalités envers *la canaille* (les prolétaires); car son cœur, sa bourse et sa main étaient toujours ouverts à qui l'implorait.

— « Mais, dis-je au vicomte, vous préparez un procès-verbal de canonisation.

— « Je dis la vérité; je vous peins cette digne dame. Elle a un fils unique, héritier d'un beau nom et de pesantes qualités dont il soutient dignement le poids. M. Albert de Laroche... continuera son père. Puisse, pour son bonheur et pour celui des infortunés, sa jeune, gracieuse et charmante épousée perpétuer sa belle-mère de toutes les façons.

— « Parbleu, c'est jouer de bonheur que de commencer mes visites par une telle famille; elle répandra des bénédictions sur mon séjour à Paris; courons-y vite. »

Aussitôt dit, aussitôt fait. Nous montons en

voiture et prenons la route de la rue de Babylone; mon guide alors me dit :

— « Si je ne me trompe, l'hôtel de la baronne a logé auparavant un des Caffarelli.

— « Oh! ce nom a tinté à mes oreilles.

— « Il a d'abord jeté à son aurore un grand éclat; car il ne date pas de loin, et à l'extinction du soleil impérial il a lui-même pâli, ainsi que tant d'autres météores qui ne tiraient leur éclat que de celui de Napoléon. Je vous parlerai des Caffarelli une autre fois; maintenant il faut savoir pourquoi l'on nous arrête.»

En effet, une foule nombreuse encombrait la rue du Bac, à l'angle de celle de Babylone; l'un de nos valets saute à terre, s'informe de la cause du rassemblement.

— « Me donnerait-on, pensai-je, le bouquet d'une émeute, verrais-je le pavé parisien soulevé par les gamins de Paris; et ceux-ci mitraillés par leur père et leurs oncles de la garde nationale qui, depuis 1830, ont acquis le privilége de faire à leur volonté, sans que le *Constitutionnel* s'en irrite, lui, au contraire, qui bat des mains, et vocifère en occasion pareille : *Frappez fort.*

— « Monseigneur, vint dire enfin le valet, c'est qu'on enterre la baronne de Larochefoucault. »

Un double cri nous échappa : le vicomte et moi échangeâmes un regard consterné. Lui, enfin :

— « Hé bien, me trompais-je? Les anges ont eu hâte de reprendre leur bien; madame de Feuch... reste ici bas, et cette sainte en est retirée. Dieu ne veut pas nous laisser de si grands exemples : aussi sommes-nous livrés à Satan. »

Ni lui ni moi n'eûmes la curiosité de demander des détails.

— « Sortez-nous d'ici, et tout nous sera bon.

— « Au Panthéon, cria le laquais qui n'avait oui que la dernière syllabe. »

Je me mis à rire.

— « Au Panthéon, soit; il est écrit là haut, depuis long-temps : *L'homme propose, et Dieu dispose*; j'étais sorti pour voir des hommes, je vais voir des morts; Bah! Pierre vaut Jean; vie ou trépas, c'est tout un.

— « Prenez garde, repartit le vicomte, vous faites de la philosophie, et nous allons nous trouver dans du philosophisme à en dégoûter.

— « Nous verrons;... mais, en attendant, s'il vous plaisait de me faire l'histoire du Panthéon.

— « Volontiers, j'aime l'office de cicérone, la bouche agit, le cœur se repose, et l'esprit dort.

— « Au lieu où nous allons s'élevait naguère un édifice monacal, fondé par Clovis, consacré par Clotilde, et dédié aux saints apôtres Pierre et Paul. Ceci advint en 307; six ans plus tard, l'humble et auguste fille de Nanterre, sainte Geneviève, si vantée et si digne de l'être, étant morte, son corps fut enterré dans les cryptes de la nouvelle église que les Normands renversèrent. On la releva pendant le neuvième siècle, lorsque la race de Charlemagne croulait à son tour; on mit là, en 1147, des chanoines réguliers suivant la règle de saint Augustin. Ces bons pères, doux, pieux, savans, prospérèrent; leurs mérites firent du bruit; on les enrichit aux dépens des filles folles de leurs corps de l'époque. Eux, employèrent leurs revenus à des aumônes, à soutenir la science, à pensionner des érudits, à répandre les lumières, ce que le philosophisme du dernier siècle ne leur a pas pardonné. Il calomnia leur prospérité, au lieu d'admirer l'habile économie qui avait augmenté le bien-être des chanoines, et non diminué. Ils en faisaient un noble et saint usage. L'univers savant comptait ce monastère au nombre des grands ports où l'érudition saine et sage trouverait un abri. Appartenir à Sainte-Geneviève était déjà une haute recommandation.

L'église du neuvième siècle fut tellement retouchée, du treizième au suivant, qu'on peut la croire de cette époque. Elle est petite, étroite; elle menace ruine, moins toutefois le clocher, qui date du temps de Clovis, et qu'on dirait d'hier, tant il est frais, net, élégant et neuf. C'est merveille que de voir comment nos pères bâtissaient; le choix de matériaux, leur mise en équerre, où rien ne coûtait alors, où tous étaient des gens de probité, depuis le maître-maçon (l'architecte), jusqu'au carrier.

Aux approches de la révolution, l'envie prit à la congrégation et à la ville de Paris d'élever un monument digne de lutter avec le dôme des Invalides. On trouva, par hasard, un homme de génie, Soufflot, drôle, à qui on a bien fait expier par mille picoteries son indignité d'avoir doté la cité lutécienne d'un admirable édifice qui, à Rome, tiendrait le premier rang après Saint-Pierre. Ah! s'il n'était pas Français, si on le voyait pyramider en une ville d'Angleterre, dans un village espagnol, dans un bourg allemand, comme on ferait beau bruit... Monsieur, croyez-moi, les Romains n'ont pas mieux fait. Cela vaut le Panthéon d'Agrippa, et de plus celui-là part de terre, et le nôtre a été construit en l'air.

Cette admirable église était heureusement construite lorsque la révolution surgit. Elle, qui détruisait tout, s'amouracha du temple chrétien, et, pour le conserver, s'avisa de le dédier aux grands hommes. On débuta par en chasser Dieu ; l'autel fut mis à bas, car les héros de la révolution n'adoraient que le diable. On y tua les prêtres desservans, on brûla, sur la place de Grève, les ossemens de la vierge de Nanterre, et, ce sacrilége consommé, on apporta, pour remplacer les reliques de Geneviève, les cendres de l'impudique Genevois qui eut nom J.-J. Rousseau; celles de Voltaire, ce contempteur de Dieu, cet ennemi de la France, qui passa sa longue carrière à l'humilier, et qu'on ne vit un instant patriote que lorsqu'on eut dit que l'Anglais Shakespeare était plus grand que lui. Mirabeau, acquis par la révolte et la monarchie ; grand orateur sans conviction véritable, effroi de l'Europe, fut le troisième admis aux honneurs du Panthéon, nouveau nom dont on flétrit l'église de Sainte-Geneviève. Le nom de Dieu était sur le fronton, on l'en effaça ; on mit à sa place : *Aux grands hommes la patrie reconnaissante.* Les deux premiers grands hommes qu'on y mit après cette dernière consécration furent l'obscur et régicide Lepelletier Saint-Fargeau, et le sanguinaire non moins régicide Marat... Oui, prince, un scélérat ignoré, un monstre célèbre, furent *les grands hommes* envers qui *la patrie* se montra *reconnaissante.* Il faut tout dire, le dernier, après avoir dormi pendant quelques mois sous ce dôme superbe, s'en alla achever de pourrir dans l'égoût de la rue Montmartre, où la main de Dieu, s'aidant de la justice populaire, transféra enfin ce cadavre, moins pourri que l'ame dont il avait été animé. Dès lors on n'enterra plus les grands hommes au Panthéon, dès leur décès. Il fallait un intervalle de dix ans : aussi nul n'y prit place. Qui, aujourd'hui, Napoléon à part, reste grand dix années après sa mort. L'empereur, faute de grands hommes, imagina de faire de ce temple le *Campo santo* des hauts fonctionnaires de l'empire. On recommença donc à y ensevelir les sénateurs, les grands officiers, les maréchaux de l'empire, voire même les cardinaux épouvantés, de leur vivant, de la pensée qu'ils seraient alignés côte à côte de tel athée ou de l'illamiste Menou.

« La restauration, poursuivit le vicomte, plus raisonnable, laissa au temps et aux générations la consécration des grands hommes. Elle, tant calomniée, respecta davantage la loi touchant les sépultures; on n'inhuma personne à Sainte-Geneviève, redevenue église, rendue à sa pieuse destination. Le libéralisme hurla sur le déplacement de l'inscription qui avait apothéosé Marat. Les rois embellirent Sainte-Geneviève. Une coupole sublime sortit triomphante du pinceau de Gros, à la palette lumineuse. Les pendentifs sont couverts de chefs-d'œuvre dus à Gérard. Quand en jouirons-nous?

« Vint 1830. Tandis qu'il démolissait l'archevêché et Saint-Germain-l'Auxerrois, il volait à Dieu Sainte-Geneviève, sans respect pour la consécration des temps. Voilà de nouveau : *Aux grands hommes la patrie reconnaissante*, et dans l'intérieur sont gravés sur des tables de marbre et de bronze peints plusieurs centaines de noms, tellement obscurs, tellement ignorés, que chacun, sans la moindre malveillance, s'écrie avec Chicaneau :

Si j'en connais pas un, je veux être étranglé.

« L'un des plus fameux, je me trompe, est un filou du Palais-Royal, soutenant des filles de joie, et lui-même......, il traversait une rue de Paris en quête de ses infâmes métiers. Une balle le coucha dans le ruisseau. Il cria Vive la république; c'était l'enfer qu'il voulait dire, et cela suffit pour l'apothéose.

« Tel est, Monsieur, l'état dans lequel nous trouverons cet édifice. On travaille à ses décorations extérieures. Le goût venge la piété; car il n'inspire aucun des artistes chargés de ce travail; vous en jugerez dès l'approche, à la vue de deux courtauds candélabres, rappelant par force les accroupissemens chinois. Au-dessus du dôme, on voulait placer le Génie;

un souffle l'emporta, on y mit la Renommée. Ses trompettes prirent une pose si singulière, qu'il fallut l'ôter. On la remplacera par la Liberté, que la prochaine tempête en précipitera. Il y avait la croix, cet écusson de tout chrétien. Guizot en a horreur : car elle reprochait si éclatamment tout parjure; et, pour consoler Cadet de Gassicourt de ce qu'on n'abattait pas les croix de tous les clochers, on a ôté la plus élevée. Ces gens-là font la guerre à Dieu... Sacriléges... insensés...ils passeront, et la croix restera, et nos yeux la reverront, glorieuse, reprendre sa place. »

IV.

SUITE DU PANTHÉON.

Éloge de l'édifice. — Un fou raisonnable. — Récit de l'exhumation des ossemens de Rousseau et de Voltaire. — Une nichée de serpens dans le crâne de celui-ci. — Le diable et le cierge. — Mausolée indigne d'un grand capitaine.

J'ÉCOUTAIS le vicomte de L.... avec une satisfaction intérieure : il m'était si agréable de voir un homme *né*, ne partageant pas les erreurs de ses père et grand-père, et d'ailleurs comprenant l'alliance intime du culte et du trône, Dieu et le roi sont tout un; ou l'on ne croit pas à l'un, le pouvoir de l'autre est sans base; et le trône terrestre repose sur un granit, quand on le fonde sur l'Évangile.

La voiture roulait: nous mîmes pied à terre. mon admiration fut muette... Que le Panthéon est beau! quelle sublimité dans son ensemble! que ces lignes sont nettes et pures, pas tourmentées, sans ressauts, sans pretintillage! Que ces faces latérales sont belles dans leur suave nudité! comme tout l'ensemble, sans en être écrasé, se dessine bien en piédestal de la coupole, et celle-ci comme elle monte vers le ciel, légèrement, sans lourdeur, simple et majestueuse, et puis que la demi-coupe qui la recouvre a de la grace; comme elle bombe sans enflure! Tout, jusquà la campanille, mérite sa part d'éloges; et ce portique, qu'il est vaste, imposant, fier et religieux; comme il s'empare de l'œil; qu'il le prépare bien à la magnificence svelte, reposée, admirable de l'intérieur! Cela ne ressemble ni aux constructions grecques ni aux romaines. Le modèle n'en est nulle part; c'est l'œuvre de Soufflot, un chef-d'œuvre, un prodige de l'art. Que sa parure devait être incomparable, lorsque l'œil, libre de tout obstacle, glissait dans l'intérieur, à travers les groupes de colonnes, soutiens de la coupole! Quelle perspective c'était! quels jeux divers de la lumière découlaient de cette composition sylphirique! Oh! malheureux artiste, la cupidité se mit au travers de ta gloire; tu avais calculé les forces répulsives, et celles de soutien, d'après des matériaux pareils à ceux de la tour de Clovis; mais alors, qui eût trompé le maître-maçon, se serait cru en voie de damnation éternelle; tandis qu'en 1770 environ il s'agissait de gagner gros en te fournissant du mauvais. La pierre de tes colonnes, trop faible, se rompit sous l'énorme poids; le dôme chancela; tes ennemis se réjouirent: on parlait de démolir; mais un grand homme était là; il commanda impérieusement le sacrifice d'une des nombreuses beautés de l'édifice, et, grace à son inspiration, le reste a été conservé.

La solitude intérieure m'attrista. Quoi! ces noms consacrés ne reçoivent aucun hommage; le visiteur les dédaigne: ils sont là, nul ne les lit. Ainsi donc, la religion seule consacre les souvenirs; ses dyptiques sont dans les mains de la multitude. Le saint le moins vanté du calendrier frappe notre regard plusieurs fois par an. Et qui demande, qui achète la liste des morts de juillet; abandonnés par l'ingratitude des vainqueurs dédaignés des fidèles, indifférens à tous, ils n'éveillent ni regrets, ni amour, ni sympathie. Qui les nomme, les chante, les exalte, les invoque; qui a foi en ces hommes, braves sans doute, mais presque tous vicieux? Leur famille a spéculé sur leur trépas, et maintenant elle les dénie : car on lui a dit que ceux de juillet, qui se battirent dans la rue, sont haïs à cause des mauvais exemples qu'ils ont donnés.

— « Il n'y a là ni autel, ni chaire, ni tribune; c'est l'antichambre de l'enfer, s'écria soudainement, auprès de nous, un homme au visage pâle, aux yeux hagards, et qui, je ne sais pourquoi, s'adressant à moi, et poursuivant sa phrase : Oui, ici, les démons dansent depuis que l'on en a chassé les saints. »

Voulant me débarrasser de cet infortuné, je demandai au gardien de me conduire aux cercueils de Rousseau et de Voltaire. L'homme se mettait en devoir de me conduire, lorsque l'inconnu se plaçant devant moi, dans le but de m'interdire le passage :

—« Il vous mentira, me dit-il... oui, il vous mentira... il va vous faire voir de sales coffres en bois, tout pourris, où courent les rats, que hantent les araignées ; mais il lui sera impossible de vous faire voir les ossemens de ce vertueux scélérat qui, vivant en concubinage avec une femme perdue, envoya pendant huit ans à l'hôpital les enfans qu'il eut d'elle. Cet orgueilleux hypocrite se disait bon, et l'amour-propre insupportable le dévorait ; il jalousait tout ; il déshonorait ses amis, ses bienfaiteurs. Des hommes non moins dépravés l'amenèrent sous ces voûtes ; les anges qui les gardaient en partirent aussitôt. Oui, de ce jour même (on le remarqua) il fallut étançonner le dôme. Voltaire, son émule en impiété, en impudicité et vanité folle, doubla le sacrilége ; on fit pour l'un et l'autre la dépense d'un mausolée en planches et toiles, et peint, emblême de ces pervers si brillans par leur style, si peu de chose par le fond. Cette profanation dura pendant tout le temps que la famille de saint Louis, captive, erra sur la rive étrangère. Elle rentra; des soins terrestres l'occupèrent : elle fit beaucoup pour elle, rien pour Dieu... Dieu alla chercher le vengeur. Napoléon passa tout au travers de la France humiliée. Le roi légitime songea à la religion; mais encore les deux impies souillaient les souterrains de ce temple de leur présence; alors un homme fut excité; un simple paysan, Martin de Gallardon. Celui-là, conduit par une lumière supérieure, arriva devant le roi. Que de contes on a fait sur sa mission! Voici en quoi elle consistait :

— « Sire, dit-il, Sainte-Geneviève veut rentrer dans son église; elle ne le peut tandis que d'infâmes écrivains qui ont perverti les peuples lui disputent la place. Que leur charogne pourrie aille achever sa décomposition dans une terre profanée. Malheur à vous, malheur aux vôtres, si huit jours s'écoulent sans que le temple de la montagne soit rendu à Dieu et à ses saints.

« J'étais bien jeune, poursuivit l'inconnu, et pourtant je vois, comme si c'était hier, ce qui se fit en cette circonstance. C'était le 6 avril 1816; onze heures du soir sonnaient à Saint-Étienne-du-Mont, lorsque douze individus, tous commissionnés pour ce grand acte réparatoire, et dont moi, adolescent vêtu d'une aube blanche, étais du nombre, descendirent dans les caveaux de Sainte-Geneviève. Quatre lanternes éclairaient. Déjà la portion du souterrain où l'on agirait avait été illuminée. L'un de nous s'avança, et d'une voix ferme lut l'ordonnance royale qui enjoignait cette translation, les divers écrits émanés de l'archevêché qui régularisait ecclésiastiquement cette volonté du monarque. Nous entendîmes tous avec épouvante et effroi un décret d'excommunication fulminé par le saint-père contre les hérétiques, les athées, les impies, les ennemis de N. S. J.-C. La terre sainte devait leur être refusée; et si déjà ils y étaient ensevelis, il fallait les en arracher par violence. Des ouvriers étaient là.

— « Obéissez à Dieu, au saint-père, au roi et à la loi, leur dit notre chef; que ceux qui ont voulu la ruine de nos temples ne demandent pas à nos temples *un lieu de rafraîchissement, de lumière et de paix.*

«Aussitôt on se mit à creuser, ou, pour mieux dire, on troua le pompeux, le ridicule mausolée. Des rats se sauvèrent de celui de Rousseau; ils rongeaient les restes de celui qui n'aima personne, et on déposa ces os rompus, brisés, mutilés dans une petite caisse de plomb, préparée tout exprès. Ce soin pris, on passa au cercueil de Voltaire. Là, la planche enfoncée, un homme voulut, comme dans l'autre, y entrer; mais à peine avait-il avancé sa tête, éclairée de sa lanterne portative, que nous l'entendîmes pousser un cri d'horreur. Il se recula avec véhémence, et, revenu parmi nous et montrant son visage rempli d'effroi :

— « Oh! dit-il, un serpent, un serpent énorme dort sur le squelette autour duquel il s'est entortillé.

« Je peindrais mal l'émotion que nous causa cette péripétie. On s'entre-regarda, et plus d'un se demanda sérieusement si, non content de s'être emparé de l'ame, Lucifer tenait à prendre possession du corps. On se consulta; le serrurier avait pris par précaution de fortes et longues pinces, et à notre surprise mêlée de dégoût et d'aversion, nous ouïmes un sifflement aigu. Puis le serrurier retira une carcasse hideuse, autour de laquelle un serpent se tordait; mais ce fut bien pis lorsque nous vîmes une nichée de ces reptiles, que leur mère avait confiée au crâne du brillant sacrilége. Ceci parut un miracle; le moins pieux trembla : la main de Dieu se montrait dans ce prodige. On tua la vilaine famille, et, dans une autre boîte de plomb on enferma la dépouille mortelle de Voltaire, puis, mon oncle emporta les deux caisses dans sa voiture. J'y étais seul avec lui; deux fossoyeurs avaient pris place derrière. Au signe des domestiques, lui, à ce moment, me dit :

— « Il y a des fanatiques qui paieraient cher ces deux squelettes ; mais périsse l'argent acquis aux dépens de la conscience.

— « Mon oncle, dis-je, ces hommes étaient donc méchans comme Marat.

— « Ils étaient pires ; sans eux Marat n'aurait pas commis ses forfaits ; ce couple criminel a perverti la France, brisé les liens sociaux, détruit la société ; car il n'y a plus ni respect de Dieu, du roi, du père, et sur ces trois noms repose tout l'édifice. Mon enfant, tu grandiras ; alors, et regardant autour de toi, tu verras tout le mal que Voltaire et Rousseau ont fait au monde. »

« Nous cheminions toujours ; je m'en embarrassais peu ; enfin le cocher, qui avait le mot, s'arrêta sur les bords de la Garre. Là est une crique recouverte d'eau à chaque inondation. Les fossoyeurs creusèrent un trou de six pieds de profondeur ; on y précipita les deux cercueils, on les couvrit de terre qu'on surchargea de boue, en tâchant d'égaliser la place. On y parvint si bien, que trois jours après je m'y rendis pour voir si je la retrouverais; ce fut peine perdue. J'étais encore sur le lieu, lorsque des hommes venant à moi, l'un me dit : Mon enfant, éloigne-toi de ce lieu; depuis deux jours il s'y passe d'étranges choses : des voix rauques y poussent des cris horribles, et on y voit courir des flammes. J'aurais pu lui apprendre la cause de cette venue des démons vers cet endroit, je me tus; mais à mon tour je leur contai qu'une vieille femme, qui passait les nuits en oraison, avait vu sainte Geneviève, accompagnée de la cour céleste, descendre dans son église et en prendre possession tout aussitôt que ces deux antagonistes ne souillèrent plus de leur présence cette demeure sacrée. Telle est, Monsieur, l'histoire vraie de la translation de ces reliques philosophiques. Je défie que cet homme vous les fasse voir dans leur mausolée en bois peint.»

Le Monsieur, cela dit, s'éloigna et se perdit

dans les hauts côtés de l'église. Je demeurai seul avec le vicomte et le conducteur; alors, mettant deux pièces de cinq francs dans la main de ce dernier :

— « Je vous adjure sur l'honneur de m'apprendre ce qu'il y a de vrai dans le récit bizarre de cet inconnu.

— « Tout, me dit-il en baissant la tête; ce sont des choses que nous cachons aux gens de peu, car ils ne voudraient pas voir les caveaux, et nous perdrions une de nos poules d'or. Oui, Monsieur, il n'y a maintenant au Panthéon que les cénotaphes vides de Voltaire et de Rousseau. »

Malgré cet aveu honnête, je voulus descendre dans cette région souterraine où dorment les cardinaux Caprara, Erskine, de Barral, plusieurs sénateurs, des généraux, et dans la foule, le célèbre duc de Montebello. Croirait-on que ce grand capitaine, qui dota sa famille de tant de fortune, de gloire et d'illustration, n'a encore, lui aussi, qu'un pompeux mausolée de bois, à la honte éternelle de tous les siens et des divers gouvernemens qui se sont succédé. Oui, celui-là aussi doit accuser l'ingratitude publique et particulière. Morts ! comme on vous oublie. On profite de ce que vous fîtes ; on se pare de votre renommée, et on regrette à votre cendre ce que l'on donne à Nourtier, à Delille pour des étoffes, et à des maisons de jeu : on a des femmes perdues en retour, de cruelles ou de perfides émotions.

V.

NOUVEAUX ACTEURS.

Duc de C... — Comte de Sol... — Prince Sah...

Je me sentis trop fatigué ce jour-là pour monter au dôme. Je voulus rentrer chez moi; le vicomte de L..., avec sa désinvolture tout italienne, m'approuva.

— « Vous allez dormir, lire, écrire ou méditer, dit-il?

— « Ni l'un ni l'autre; mais je crois que le duc de C..., une des célébrités de la restauration, viendra me voir, et je serais charmé de le connaître.

— « C'est, me fut-il répliqué, un pauvre homme avec beaucoup d'esprit; c'est un fat roturier; c'est-à-dire de la pire espèce. Cet homme a eu pendant les seize années de la restauration un ver rongeur après lui. Il n'était pas gentilhomme, le roi l'avait fait ministre, puis ambassadeur, chevalier des ordres, et en outre l'enrichit; cela ne lui a rien fait: l'ingrat a couru tout essoufflé à Louis-Philippe, qui s'en servira et ne le servira pas. Ce prince a un mérite : il se connaît en traîtres, aussi les évince-t-il doucement. Le duc de C... pendant qu'il était au pouvoir, acquit la preuve de l'existence des Orléanistes; il en fit une chimère, et avec cela, après avoir trompé le roi, il trahit le successeur de ce monarque. Je tiens ma journée pour néfaste, quand mes yeux se sont rencontrés avec ceux de ce carabin-là. Permettez-moi de ne pas aller avec vous. »

Je me séparai à regret de mon spirituel cicérone, et courus chez moi. Je fus désappointé, le duc était venu. La pluie lui succéda; elle tombait à torrens. Les fenêtres de mon salon s'ouvraient sur la cour, je me mis à regarder l'orage. Peu à peu, je changeai d'objet d'attention : en face de moi, et dans un pavillon avancé, vis-à-vis mon appartement, une jeune personne jolie à ravir examinait aussi, non l'état de l'atmosphère ou moi, mais un jeune homme, à ce que je présume, qui, de la mansarde où il logeait, était sans doute, lui, en vedette. Les beaux yeux de la voisine m'intéressaient, et la hauteur de l'étage où était posté son amant me faisait craindre que ce jeune garçon ne fût digne d'elle.

Je rêvais à tout cela, lorsque mon moujick, le sieur Gustave avait pris sa volée, mon moujick, dis-je, entra et me prévint en langue maternelle, qu'un monsieur logé dans l'hôtel demandait si je voulais le recevoir. Ma réponse fut affirmative; il sortit, et presque aussitôt m'annonça le comte Sol... Celui-là, noble polonais, mais de la partie de la Pologne réunie à la Russie depuis le premier partage, prenait en homme sage son parti; aussi, lors de la dernière insurrection, s'il avait aidé ses compatriotes, ce ne fut que par des vœux ou par des sommes secrètement envoyées, peut-être n'en fut-il rien. Ce qu'il y a de sûr, c'est qu'il m'a toujours paru fort attaché à nos augustes empereurs. Il venait d'apprendre que je logeais dans le même hôtel que lui, et il s'était empressé de me souhaiter la bien-venue.

Je fus charmé de me rencontrer avec un demi-compatriote; je dis demi, car jamais un Polonais ne sera Russe entier, sincèrement, et m'informai des nouvelles de la comtesse sa femme.

— « Hélas! me dit-il, il y a dix-huit mois qu'elle a quitté cette terre; et moi, désespéré, j'ai quitté la Pologne. L'empereur, avec sa bonté paternelle, m'a permis de venir en France; je m'y suis rendu avec ma fille unique et sa gouvernante. Nous sommes vos plus proches voisins; notre appartement donne sur la rue, et la cour tout vis-à-vis celui-ci. »

Et le bon comte, de la main, me montrait au

rang des fenêtres qu'il disait siennes celle où tout à l'heure je venais de voir la belle fille aux signes avec l'inconnu des mansardes : ce sont choses qu'ordinairement on tait à un père. Ma découverte me rendit plus circonspect; je me tus, et ce jour-là notre causerie fut insignifiante. Au moment de nous séparer :

— « A propos, me dit-il, savez-vous la nouvelle polonaise?

— « Laquelle?

— « La dernière, celle qui fait tant de bruit.

— « Non, repartis-je, le voyage m'a rendu momentanément étranger, sinon indifférent à ce qui se passe en Russie.

— « Hé bien! apprenez ce qui a lieu : le deuxième fils du prince Sah.... que l'empereur avait pardonné de sa dernière levée de bouclier, en considération des grands services de l'aïeul et du bisaïeul, et de la prompte soumission du père, le comte Ladislas S..., a tout à coup rompu son ban, quitté Varsovie, sans qu'on sache où il s'est réfugié. Je sors de l'ambassade : le comte Palhen a reçu l'ordre de faire battre l'estrade dans toute la France. S. M. I. tient beaucoup à savoir ce que le monsieur est devenu. Quant à moi, poursuivit en riant le comte Sol..., je ne partage pas le même désir, et, plus ce palatin et paladin cheminerait loin, et mieux je serais à mon aise.

—« Je vous croyais l'ami de son père?

—« Je le suis sans doute, et même prêt à donner ma fille à son frère aîné; mais quant à lui, qui n'a que son nom et sa réputation militaire, je ne me soucierais pas de l'appeler mon fils.

—« Aimait-il donc la jeune comtesse Nalinska Sol...?

—« Assez pour me tourmenter et pour indigner ma fille. Cette chère enfant fut la première à me prévenir de ce qui se passait; je l'en remerciai, et pour couper court aux rôderies du brillant cavalier, j'ai quitté Varsovie et même Wilna, ma demeure habituelle depuis la mort de ma mère, qui possédait de beaux domaines autour de cette ville; j'ai parcouru la Prusse, l'Allemagne, l'Italie, et me voici. Le comte Stanislas a pris son parti en brave, a fait, depuis notre départ, la cour à deux ou trois femmes, ce que les bonnes amies de ma filles lui ont charitablement écrit; cela m'a charmé. Maintenant que ce seigneur conspire, je n'ai plus à le craindre; la Russie, la Pologne lui seront interdites, et, s'il rentre, une bonne prison d'État prendra soin de me guérir de tout embarras. »

J'écoutais le comte et j'aurais pu lui fournir d'autres motifs de tranquillité, mais, je le répète, je ne sais ce que c'est que dénoncer; je me retins dans une prudente réserve. Dès que le comte fut parti, Gustave parut; je songeai alors que lui aussi logeait dans les mansardes et près, sans doute, de l'amant mystérieux; je lui contai ce que j'avais vu, en lui enjoignant de garder là dessus un profond mystère envers et entre tous.

—« Oh! altesse, dit-il, vous ne m'apprenez rien de nouveau : dès ma venue ici, j'ai découvert le pot aux roses. Le monsieur que vous ne pouvez voir est un homme bien tourné; il a fait louer la chambre voisine de la mienne au nom de son domestique; il vient chaque jour s'y établir dès neuf heures du matin, il n'en sort qu'à la nuit close.

— « Sait-on son nom?

— « Je l'ignore. C'est un gentilhomme français. »

Cela me suffit ce jour-là. Le lendemain, de bonne heure, je reçus une lettre du comte de Palhen; il me prévenait que le comte Ladislas S... était tombé, par sa fuite mystérieuse, dans la disgrace de S. M. I., que je devais le fuir si je le rencontrais, et, en même temps, indiquer le lieu de sa retraite à l'ambassade russe. Mon moujick et Gustave étaient chez moi lorsque cette missive me parvint. Le premier ne connaissait le staroste que de nom; le second ignorait même ceci, et je lui donnai quelques détails qu'il me demanda par curiosité sans doute. Le drôle me dit :

— « Je suppose que ce monsieur ne croit pas à l'infidélité de sa maîtresse? S'il savai qu'un Français du boulevart de Gand ou du café de Paris lui coupe l'herbe sous les pieds....

—« Il viendrait tuer son rival? répliquai-je.

— « J'en ferais autant à sa place, si la chose était vraie, et qui me serait préféré aurait ma vie ou moi la sienne. »

Le compère s'énonça, en parlant ainsi, avec une verdeur, un aplomb, une majesté.... Non, me dis-je, ce ne peut être un homme de rien ; c'est, je gage, un artiste ruiné par quelque étourderie; un républicain étudiant que ses parens laissent mourir de faim à Paris, par représailles. Au lieu de taire mes conjectures, j'en défilai le chapelet à mon serviteur, et lui, notamment embarrassé :

— « Monseigneur, Votre Altesse m'avait promis qu'elle éviterait de traiter ce texte....

— J'ai deviné, me dis-je intérieurement, tant mieux : ces catégories ne sont pas voleuses, et je suis admirablement servi. »

Dès que je crus pouvoir me présenter chez le comte Sol.., je m'y rendis, hâté que j'étais par le vif désir de voir la comtesse Nalinska, sa fille. J'arrivai à l'heure du déjeuner, je me mis à fuir : le palatin courut après moi, me ramena, presque par violence, douce, il est vrai, car j'avais tant d'envie d'être forcé! et je fus installé auprès de la charmante Polonaise.

Ce serait bien ici l'à-propos de son portrait : mais qu'on ouvre le premier roman venu, qu'on lise la peinture de l'héroïne, ce sera, trait pour trait, celle de mademoiselle de Sol... Ce qu'il y a de sûr, c'est qu'elle était merveilleusement belle; vrai chef-d'œuvre de la nature, elle enflamma mon pauvre cœur, et, sans me rappeler le comte Ladislas S..., à Varsovie, je ne me ressouvins qu'imparfaitement du monsieur des mansardes et des signes réciproques de la veille.

Cependant la raison, au début, ne m'abandonna pas au point de me laisser aller en insensé au devant des choses; j'eus assez de force d'ame pour dissimuler ce qui, à cette heure bizarre, se passait en moi; et si mes regards furent moins discrets que ma bouche, celle-ci du moins ne dit rien de ce qui l'aurait trop vite fait passer sous le joug.

Je m'étais bien aperçu, la veille, que ma présence avait beaucoup gêné la jeune fille. Ce jour-là, voulant continuer mon rôle d'observateur, avec un intérêt bien autrement grand, j'employai la ruse, et, sous le prétexte du chaud ou de la trop grande clarté, je fis fermer les jalousies. Je pus me placer derrière elles en toute sûreté et m'assurer si le manége et la bonne intelligence avec l'inconnu iraient toujours leur train.

Hélas! mon pauvre cœur éprouva une violente angoisse; la comtesse Sol..., persuadée, comme les autruches, qu'on ne la guettait pas, puisqu'elle ne voyait personne, recommença son gentil et cruel télégraphe de mines, de gestes et de regards; chacun transperçait mon ame. Je me surprenais à haïr horriblement mon rival.

VI.

Que les libéraux aspirent à la tyrannie. — Exemples et preuves. — La littérature despotique.— Une cotterie veut régenter les hommes de lettres. — Sommités de la littérature française reconnue par l'Europe— Elles seules peuvent composer une société. — *Société dite des gens de lettres.* — Discussions de quelques articles de cette charte féodale. — Les légitimistes qui tiennent le haut rang en littérature ne sont pas représentés dans cette société. — Peu de succès de la tentative.— Séances sans résultat.— Lettre de refus d'accession d'un homme de lettres adressée au président de ladite société, M. Villemain. — Comment il faut s'y prendre pour qu'une association de ce genre réussisse.

Il se passe à Paris un fait bien extraordinaire ; une coalition se forme pour s'emparer de l'opinion, pour la diriger et la maintenir ; ce sont les ultras de la camaraderie qui la triturent, ils se sont posés les premiers entre leurs pairs, non que l'élite des talens soit là, au contraire ; mais il y a ceux qui, sans doute, ont par dessus tous les autres une foi plus robuste en l'excellence de leurs œuvres.

La chose éclate en ce moment, elle fait du bruit et doit en faire; elle est assez curieuse, assez importante pour vous en faire part: il ne s'agit de rien moins que d'une usurpation nouvelle, que de changer en olygarchie la république démocrate de la littérature. En vous rapportant ce qui se passe, je mettrai les individus hors de cause; je ne citerai aucun nom lorsqu'il s'agira de blâmer, je ne désignerai les personnages par celui qu'ils rendent fameux, que lorsque je serai assez heureux pour avoir à louer, mon intention n'étant pas d'affliger des hommes de lettres qui me sont inconnus, mais de défendre ce principe : L'INDÉPENDANCE DES LETTRES. Maintenant j'entre en matière. Je ne vous parlerai qu'en copiant presque le mémoire que je tiens de l'obligeance d'un de mes amis, auteur lui-même, et qui, certes, fort à contre-cœur, a été contraint de descendre dans la lice.

Depuis qu'on parle tant en France de république, de liberté, d'égalité, la manie du despotisme s'est emparée de tous les Français, et, par un renversement d'idées, du moins selon la calomnie vulgaire, les nobles, dont on faisait des tyranneaux à bouche que veux-tu, sont les seuls qui maintenant ne partagent pas l'extravagance universelle. Entrez chez tout banquier, industriel, marchand ou boutiquier libéral, au premier numéro, interrogez leurs commis, leurs ouvriers, hommes de peine, domestiques ; quatre-vingt-dix-huit sur cent ou plutôt neuf cent quatre-vingt-dix-neuf sur mille vous répondront avec terreur, vous raconteront des faits incroyables d'omnipotence, d'égoïsme, et chaque patron ressuscite le feu comte de Tuffière : *leurs gens, leurs hommes* (historique) ne peuvent, comme devant les rois, leur parler qu'en réponse, et puis quelle cruauté préside à l'exercice du patronage! Dans cette maison on ouvre à sept heures du matin, on ferme à une heure après minuit, et chaque quinze jours on accorde au malheureux employé depuis sept heures du soir jusqu'à onze pour sa récréation, et encore il ne faut pas que la besogne presse ; car, dans ce dernier cas, ces infortunés sont clôturés dans leurs bagnes (c'est le nom) pendant un ou deux mois tout de suite ; les surnuméraires qu'on a l'impudence de renvoyer sans traitement au bout d'un an ou d'un an et demi d'attente de la somme de cinquante francs par mois, sont traités pire que des nègres ; entrés à neuf heures du matin, on les rend à leur appétit de sept à dix heures du soir, et encore se plaint-on de leur peu de zèle.

Partout donc où l'on signale les principes libéraux, partout éclate cette cruauté avaricieuse ; jusqu'ici la littérature s'en était exemptée. Voici le premier son de cloche qu'elle nous donne à ce sujet.

Je ne reviendrai pas sur ce que je vous ai déjà mandé touchant la camaraderie ; je vous l'ai fait connaître, vous la savez par cœur. Aujourd'hui scindée, elle se partage ; il va y avoir les premiers, les seconds camarades, les aspirans, il y aura même les damoiseaux, le tout à l'instar des ordres de chevalerie; car les citoyens libéraux ne rêvent que la reconstruction de l'ordre féodal, à leur profit unique il est vrai, n'importe ; n'est-ce pas un trait plaisant que cette reconstruction impuissante du moyen-âge, par ceux qui ne veulent ni culte, ni roi, ni fidélité au malheur, ni galanterie chevaleresque; figurez-vous les preux français criant, fumant auprès des dames, le chapeau sur la tête; enfin les manières de la taverne, transportées dans le salon.

Ces personnages-là, d'une autre part, sont dévorés du besoin de la suprématie : ce que le génie leur refuse, ils l'attendent de leur savoir-faire; d'abord, ils se sont triés, se sont emparés des journaux, ils ont des imbéciles qui les prônent en rendant palpable la justesse du vers si connu de Boileau :

> Un sot trouve toujours un plus sot qui l'admire.

Se confiant donc à ce petit concert d'hommages et d'apothéose d'intérieur, ils se sont imaginé, que par un acte patent, ils parviendraient à se faire reconnaître les chefs de la littérature moderne; en conséquence et comme je vous l'ai dit plus haut, ils se sont triés, serrés, comptés, et, quand le choix des élus a été fait, aussitôt on n'a vu que leurs noms seuls à la tête de toutes les entreprises littéraires de cette époque-ci.

C'est si certain, que je défie qu'on prenne cinquante prospectus, annonçant des ouvrages collectifs, sans qu'on y retrouve ces noms choisis; eux encore, et jamais qu'eux. Certains de cette sommité factice n'ont fait souvent qu'un ou deux volumes morts-nés. N'importe, il est inscrit sur la liste des illustres dont on repousse toujours les hommes de lettres connus en Europe, mais excommuniés par la camaraderie.

Eh bien, depuis un peu de temps cette pléiade allongée s'est rétrécie; maintenant elle ne compte plus que quatre ou cinq noms recommandables et une quinzaine de ces honorables obscurités à qui Dieu fasse paix, le tout en vertu du sermon de la Montagne : *bienheureux les pauvres d'esprit.*

Cette poignée d'hommes de lettres si rabougrie, si raccornie par son petit nombre, affecte l'empire collectivement, l'un portant l'autre; ils sont les supérieurs de leurs confrères. Le grand éclat que jette l'un des camarades sert de manteau de gloire à quatre ou cinq nus de réputation. N'importe, on est ce qu'on est, si on n'a fait on fera, si point on ne fait on pourrait faire, pouvoir c'est vouloir. Donc, le plus obscur de la pléiade renouvelée des Grecs se croit de bonne foi un flambeau, que dis-je, un phare, et à l'apparition des *Paroles d'un Croyant*, par exemple, coup de foudre que le génie du mal a dérobé à l'éternelle sagesse, il n'est pas un de ces *citoyens* qui ne se soit imaginé être un autre Pascal.

Ils me font souvenir de ce bedeau de Saint-Louis-des-Jésuites qui, entendant les propos d'admiration qu'arrachait à Racine, Boileau et Bossuet un sermon du père Bourdaloue, s'approcha d'eux, et dit avec le contentement de la sottise : *Messieurs, c'est moi qui l'ai sonné.*

Avant toutefois de vous montrer le développement de la conspiration de la pléiade terne, il est bon que je vous fasse connaître la position de ceux qui, en France, cultivent les belles-lettres. Là, pas plus qu'ailleurs, et là, comme ailleurs, en vertu des lois éternelles de la nature, il n'y a pas d'égalité, il y a des catégories de génie et de talens ; il y a des noms vénérés, admirés, exaltés de toute la France et de l'Europe ; d'autres moins illustres, mais cependant connus hors de nos frontières ; (je mets dans ce rang ceux dont les ouvrages sont traduits dans les langues étrangères) ; enfin ceux qui, grace aux journaux vendus, sont lus de temps à autre, dans quelques départemens, et ceux qui, malgré la pompe de leur annonce, ne font qu'un saut de chez l'éditeur à l'échoppe du beurrier ou au magasin de l'épicier du coin.

La première se compose à peu près de MM. de Châteaubriant, de Bonald, Béranger, Lemercier, Berryer, De Lamartine, de Lamennais, Georges Sand, de Balzac, Alexandre Duval, Michaud, Reboul de Nîmes, Jasmin d'Agen, de Jouy, Villemain, Soumet, Casimir de Lavigne, Hugo, Tissot, Nodier, Guizot, Scribe, Lormian, Étienne, etc. Je cite au hasard comme ces noms viennent à ma plume, sans prétendre donner à l'un plus d'importance qu'à l'autre ; on pourrait même y joindre avec plus ou moins d'égalité, vu que leurs travaux ont eu moins d'étendue, et non pour autre cause, MM. Campenon, de Ségur, Poggerville, Lacretelle, Roger, Briffaut, Lebrun, de Resseguier, de Laville, d'Espagny, Casimir Bonjour, de Vigny, Barante, Cousin, Viennet, Jay, Dupaty, Alexandre Dumas, Michel Masson, de Mortonval (F...), de Stendhal (B...), Paul Lacroix (*Jacob le Bibliophile*); plusieurs auteurs de vaudevilles, tous hommes d'un vrai mérite et dont les pièces sont jouées sur tous les théâtres de l'Europe. Les spirituels auteurs du Charivari, M. de Felets, ce débris illustre de l'ex-journal de l'Empire, de Beauquene, (ou de Beauchêne, je cite de mémoire), Royer-Collard, l'homme d'État; Onesime, Leroi, Alexis Dumenil, tous, avec quelques autres que j'oublie, ou que je ne juge pas à propos de présenter ici, peuvent, je le redis, prétendre à la célébrité européenne.

Or donc, chaque fois qu'on voudra, dans la France moderne, étaler notre richesse d'hommes de lettres, ceux-là certainement occuperont toujours un rang bien éminent; c'est à leur suite que le reste des auteurs se rangerait sans honte, sans humiliation et avec plaisir même; mais si, au lieu de commencer par inscrire la majorité de ces beaux génies, on se contentait d'en choisir quatre ou cinq pris encore parmi ceux qui, affectant l'empire, ou par nonchalance, ont tellement accordé leur nom à quiconque en a voulu parer son entreprise commerciale, que nécessairement ils ont perdu de cette fleur de renommée, de cette dignité, non de personne, mais de littérature, si importante à conserver en Franc où tout s'use, où, comme l'a dit si bien fe l'abbé de Pradt, du sublime au ridicule il n' a qu'un pas, il en est advenu que par cette fai blesse, ou vaniteuse ou indifférente, au lieu d se maintenir à la haute place littéraire où l'o était monté, on a laissé croire au public ce qu n'est pas; que du seul art des lettres on e faisait une raison de commerce, et on a ri d voir messieurs tels ou tels s'associer à tan d'entreprises de négoce et faire de leur non le prix d'un certain nombre d'actions industrielles.

Les choses en étaient à ce point, lorsqu tout à coup le public a été informé par l'émission d'un acte d'association, non en projet, mais constitué, que les sommités de la littérature s'étaient réunies, entendues, concertées; qu'elles avaient fondé une maison de commerce de belles paroles, de phrases ronflantes dont eux et leurs agens principaux seraient les chefs à toute perpétuité.

On s'est entre-regardé; on a lu ladite charte

de réformation, et d'abord on s'est ébahi de la science fiscale, du génie, de son âpre habileté à tirer de l'or de feuilles volantes, de l'art mis à faire produire au même ouvrage deux ou trois, quinze ou vingt fois la valeur, suivant sa renommée; ensuite, on a souri au ton despotique de la rédaction, à ses formes acerbes, tyranniques même, telles que celles-ci, par exemple : Article 60. *L'assemblée générale convoquée extraordinairement n'aura à délibérer que sur des matières qui auront fait l'objet de la convocation...* Article 31. *Le présent acte sera offert avant la clôture à la signature de tous les gens de lettres dont le comité aura dressé la liste; ceux d'entre eux qui auront refusé leur signature ne pourront plus être admis qu'après trois ans*, etc.

Ainsi le comité refuse l'omnipotence au souverain, c'est-à-dire à la masse, pour se la conserver; ainsi on a fait à l'avance un choix parmi des égaux; l'exclusion a porté, non sur des amis, mais bien sur les ennemis du comité, et le fruit d'une animosité personnelle sera le déshonneur d'un homme de lettres qui aura déplu à un membre influent; car, si le projet réussit, être exclus de l'association sera une flétrissure, et ce sont les idées libérales qui reconstituent les catégories de proscription que l'on a tant huées; enfin, tout homme de lettres absent, malade, occupé d'affaires pénibles ou de peines de cœur, qui retardera de signer, sera brutalement rejeté à un délai fixe : est-ce encore de l'urbanité? n'est-ce pas la tyrannie de gens impatiens d'être des chefs, et qui ne pardonnent pas aux récalcitrans?

Enfin, jusqu'à l'agent comptable dont on fait un maître flagellant; d'abord il faut l'adopter à perpétuité. Ceux qui ont écrit la veille un article violent contre le droit d'aînesse, l'hérédité des places, la vénalité des charges, imposent le lendemain un agent qu'on ne pourra exclure ni par mort ou destitution : sa famille ou lui seul présentera son successeur qui en fera de même, et cela jusque sans doute à la consommation des siècles;

est-ce libéral et juste? De plus, l'article 40 de l'acte constitutif et non du projet, fait de cet agent le confident obligé de toute la littérature; il tiendra dans sa main souvent la réputation, la liberté, la vie peut-être de chaque auteur, c'est à faire frémir.... et puis, on déclame contre la confession catholique.

En combinant cet article 40 avec le 50e, on chassera de la société qui on voudra; enfin, cette association me semble un de ces moyens détournés, mais habilement conçus, tendant à enchaîner la littérature au profit d'un parti politique ou du gouvernement qui pourra s'en emparer; ceci peut advenir plus tôt qu'on ne pense. Le président est lui-même une portion du gouvernement, plusieurs membres du comité vont à la cour et même font assaut de coquetterie avec le prince royal, etc.

Ce qui me ferait encore préjuger de cette tendance, c'est le soin avec lequel on a exclu du comité tout littérateur appartenant à l'opinion légitimiste; il n'y en a pas un seul; on y compte des royalistes et des républicains, mais pas un de l'ancienne cour : ceci est-il supportable. Quoi! une fraction qui possède la majorité des sommités littéraires n'est pas représentée dans le comité, et on veut que les auteurs royalistes passent sous les drapeaux que plantent MM. de La Mennais, et Hugo, les protestans, les républicains de l'époque : non, non, jamais la littérature loyale et fidèle n'acceptera cette sorte de servage. Plus libérale que les libéraux, que le juste-milieu, elle proclamera toujours la liberté, l'égalité, l'indépendance entre les gens de lettres, et sur ces bases seules elle n'acceptera pas une association dont le premier article sous-entendu sera que l'on passe sous les fourches caudines des ultras de la camaraderie.

Ledit acte d'association a donc été lancé avec l'injonction impérieuse à toute la littérature *choisie* de venir y apporter sa soumission, sous peine, en châtiment du retard, d'un recul de trois années. Le comité bercé par ses flatteurs enivrés de l'encens qu'il se prodigue dans les gazettes à sa dévotion, persuadé consciencieusement de son omnipotence, ne doutait pas qu'aussitôt les cinq ou six cents élus n'accourussent, acceptant la vassalité, apporter leur signature.

Il n'est venu que cinq ou six obscurités qui unies aux ténèbres primitives n'ont pas trop illuminé ou illustré l'association. L'étonnement est né : puis on a cru qu'il fallait condescendre aux inquiétudes de quelques *imbéciles*, et l'on a daigné annoncer une séance dans la quelle le comité en corps réfuterait toutes les objections faites contre ledit acte d'association.

L'assemblée, convoquée pour le 16 février, a eu lieu, le comité explicateur était en séance... Il est venu DEUX AUTEURS qui, après une attente d'une heure, se sont retirés ; en même temps, un homme de lettres, malgré l'excommunication lancée contre lui par M. Thé... Muret, dont le nom est européen, comme on sait ? car il n'est pas *de cabinet* où ses feuilletons ne se trouvent, un homme de lettres, dis-je, a écrit le jour même au président de ladite association, le comte de Villemain, pair de France, l'un des quarante de l'académie française, la lettre suivante, qui, suivant l'urbanité moderne, est demeurée sans réponse :

« Monsieur le président,

« C'est avec regret que je refuse ma signa-
« ture à l'acte constitutif de la société DITE *des*
« *gens de lettres ;* il détruit si complètement
« notre indépendance littéraire, qu'y accéder
« serait, selon mes faibles lumières, se rendre
« l'homme lige de certains d'entre nous dont
« la suprématie sur le reste des auteurs n'est
« pas universellement reconnue.

« La nécessité peut nous contraindre à re-
« tirer un lucre du fruit de notre labeur,
« mais faire du plus sublime des arts *une com-*
« *mandite*, mais voir sans cesse la question
« d'argent à côté de celle de l'esprit, m'humi-
« lierait par trop.

« Le classique, en inventant le Parnasse, « nous élevait; le romantisme nous conduit à « la Bourse. Avec le premier, nous étions les « enfans des dieux; avec le second, nous « sommes agens de change, courtiers, cou- « lissiers, etc.

« Je suis de ceux qui préfèrent *la liberté*, la « dignité personnelle à la richesse et aux pe- « tites grandeurs; je ne peux donc, bien « que je sois le moindre des gens de lettres, « accepter volontairement des liens présen- « tés, non par calcul, j'en suis convaincu, « mais par l'inadvertance préoccupée des ré- « dacteurs de l'acte dont le fond est bon et « dressé dans un but utile, auquel je me plais « à rendre justice.

« Royaliste par conviction, et, en cette « qualité, partisan sincère de la liberté et de « l'égalité littéraire, je ne peux oublier le pro- « pos célèbre de Napoléon au marquis de « Fontane : LAISSEZ-NOUS AU MOINS LA RÉPU- « BLIQUE DES LETTRES; c'est la seule dont j'ad-

« mette la possibilité, et la seule qui me « comptera parmi ses citoyens.

« J'ai l'honneur d'être, monsieur le prési« dent, avec la plus haute considération,

« Votre très-humble et très« obéissant serviteur,

« DE LAMOTHE LANGON, *signé.*»

Paris, ce 16 février 1838.

A cette lettre, il en était joint une autre à l'adresse de l'agent de la société, homme d'esprit et conciliant qui, quelques heures après la réception de ces deux épîtres, se rendit chez l'homme de lettres qui les avait écrites, et l'assura que le comité, persuadé enfin que sa prise de possession, comme chef de la littérature, n'était pas légitime, se démettrait de ses fonctions à la première assemblée générale, et que ledit acte serait soumis à la révision; il lui fut répondu que ce n'était pas assez; que, pour constituer la société *des gens de lettres*, il fallait voir, parmi les fondateurs, ceux que l'opinion publique place à leur tête; que, eux absens, on pouvait sans doute constituer *une société de gens de lettres*, mais rien que cela; dès lors, dépourvue de tout ensemble, de toute grandeur, de toute majesté, puisqu'elle rentrerait dans ces associations littéraires si communes à cette époque-ci.

En effet, comment se flatter de fonder la société des gens de lettres, lorsqu'en haut de la liste on ne trouvera pas MM. de Châteaubriant, de Béranger, Berryer, Bonald, Lemercier, Lamartine, de La Mennais, Balzac, Delavigne, etc.; les voir là est de toute nécessité; l'Europe sifflerait *la société des gens de lettres*, ou qui les aurait repoussés, ou qui croirait pouvoir s'en passer.

VIII.

UNE SOIRÉE CHEZ UNE FEMME D'ESPRIT.

Les deux à trois cents amis. — M. Gayrard, madame G... — Le vicomte de Launay. — L'ami du genre humain. — Un nain-géant incognito. — M. S... — Sa fille. — Comte Jules de Resseguier. — M. A... D... — M. H... — M. A... — Madame A... — M. d'Epagny. — Un auteur comique. — M. Alexandre Duval. — La fille d'honneur, œuvre républicaine.

Hier, j'étais invité chez madame de S.... S...., femme aimable, jolie, gracieuse, douce et sans venin pour celles de son sexe qui, à son exemple, gravissent la double colline. J'avais lu ses *Salons de Paris*, et j'en avais retenu une impression agréable.

— « Venez à ses soirées, me dit un homme

de génie, distingué parmi le petit nombre que Paris renferme. Celui-là, qui se nomme Gayrard, compte au premier rang des sculpteurs, et nul ne lui dispute la palme de la médaille; il compose à la manière des anciens, il dessine comme eux : ce qui fait qu'on le laisse à l'écart, à cette époque déraisonnable où le laid est devenu le beau, où le grotesque a pris la place du sublime.

J'acceptai la proposition d'un artiste dont la renommée s'étend plus lumineuse en Europe que sur la France, et, en sa compagnie si recommandable, j'abordai l'élégante muse dont il vient de reproduire les traits avec tant de morbidesse, de grace et de vérité.

Une fois qu'on a vu cette dame, on veut la revoir; aussi ne me refusai-je pas à son invitation pressante. Elle réunissait quelques amis, l'élite de sa société, j'en demeurai persuadé; et, à l'heure fixée, donnant le bras à M. Gayrard, je me précipitai au milieu d'une foule compacte de deux cents amis au moins et de trois cents au plus.

— « Hé ! Madame, dis-je, je croyais trouver un choix.

— « Aussi y est-il, répondit-elle ; je vois beaucoup de monde ; on se plaît ici, on y vient sans que j'y appelle.

— « Cela ne me surprend pas, repartis-je ; il est tel aimant dont l'action puissante attirerait des milliers d'affinités. Mais, une autre fois, je saurai combien une femme jolie et spirituelle a d'amis intimes, et je tâcherai, pour être remarqué d'elle, de ne pas me joindre à eux. »

La jeune fée sourit, puis vola vers une dame qui entra précipitamment, qui tendit la main si souvent à ses intimes aussi, et dont les yeux firent tant de frais pour atteindre à tout, que j'admirai son désir d'être si bienveillante envers ce fouillis de monde. J'allais demander son nom, car je voyais avec elle une belle et gracieuse jeune femme, lorsque, en me retournant, je me heurtai presque avec le vicomte de L..... Lui aussitôt :

— « Ah ! me dit-il, vous êtes donc au nombre des amis... tant mieux, je vous en félicite. Il n'y a pas de meilleure maison pour connaître nos illustres du jour, ce qui ne veut pas dire qu'ils seront ceux de demain. La maîtresse du lieu veut réunir les extrêmes; elle ouvre sa maison au royaliste, au juste-milieu; je ne serais pas surpris d'y rencontrer plus d'un républicain.

— « Bizarre mélange !

— « Non, calcul de fusion; d'ailleurs il fait bon avoir des amis partout. Ce fut la raison qu'une bonne vieille donna à son curé, courroucé de la voir dédier une bougie au diable après en avoir offert une à saint Michel. Des amis dans les trois bords procurent des articles anodins dans les diverses gazettes, et la modestie de notre charmante hôtesse flatte un peu la superbe de ces messieurs-là.

— « A propos d'hommes, repris-je, quelles sont ces deux dames? et je désignais celle qui s'agitait tant et sa divine compagne.

— « Ces deux dames? répéta le malin L.... en dirigeant son binocle du côté que mon geste marquait; l'une est madame G....; l'autre, le vicomte Charles de Launay.

— « La vicomtesse, vous voulez dire?

— « Non, le vicomte, je vous jure; et celui-là est bien connu dans Paris; c'est lui qui soutient la Presse, et qui par malheur hâte sa chute; travail auquel tendent les autres collaborateurs, et surtout M. S...., avec une abnégation admirable.

— « Mais ce vicomte porte des jupes?

— « Soit; c'est une nouvelle mode, au demeurant; informez-vous du vicomte Charles de Launay: on le voit au balcon de l'Opéra, à l'orchestre des Bouffes; il prend des glaces chez Tortoni; il fume un cigare sur le boulevard de Gand; tient une cravache en guise d'éventail; se fait Jeune-France, et tardera peu à jurer par *sa bonne lame de Tolède*.

— « Vous vous moquez de moi. Ces traits nobles et doux; ces yeux remplis d'un feu sublime; ces beaux cheveux, et puis ces charmes divins qui, seuls, parent une femme: cela cacherait un homme?...

— « Allons, qu'il soit fait selon votre volonté. Avez-vous entendu parler, il y a dix à douze ans, d'une jeune vierge belle à ravir, et encore peut-être plus sublime qu'elle n'était jolie; que nous nommions *la Muse de la patrie*, et qui, par le fait, avait assez de génie pour que le sobriquet ne lui restât pas; l'auteur enfin du céleste poème de la Madeleine?

— « Quoi! mademoiselle Delphine Gay, si célèbre, si poétique; ce serait-elle?

— « C'est aujourd'hui madame Girardin. Certains disent que son mari porte un autre nom; je n'en sais rien. Ce qu'il y a de sûr, c'est que, par un bizarre caprice, sa femme s'est métamorphosée en un ancien capitaine de dragons. Voulez-vous que je vous présente? On aime les étrangers dans cette maison, on les y accueille avec grace.

— « Pas encore, dis-je, car je présume que, pour parvenir à ce gentil vicomte, il faut passer par les grands parens. J'ai la poitrine faible, l'envie de voir beaucoup, et je craindrais qu'on exigeât la concentration de mes idées sur un point unique. Nommez-moi plutôt ce monsieur qui, en entrant, a donné ou reçu plus de poignées de mains qu'il n'en advint à votre roi, le premier jour qu'il monta à l'Hôtel-de-Ville.

— « Hé! mon Dieu, c'est l'ami public, l'intime de tous. Il n'y a pas de vieillard près de descendre dans la tombe, pas d'adolescent à son début, qui n'ouvrît avec lui son compte courant de tendresses et de protestations; c'est M. C... N..., digne du reste d'avoir de vrais amis, s'il n'avait été saisi de la manie d'avoir des amis nombreux. Il a gagné une bonne petite réputation. Chacun de ses Pylades est dans l'obligation de porter aux nues le commun Oreste; et, bien que celui-ci se loge trop souvent dans les *sept châteaux du roi de Bohême*, on n'en fait pas moins de ces demeures avortées les péristyles de l'Hélicon.

— « Et ce dernier Pythias qui l'embrasse.

— « Je gage qu'il tardera peu à m'en demander le nom; je le sais. C'est un jeune homme, fils d'un honnête chapelier de village, qui n'a rien appris et qui sait tout. Chaque matin, il va dans dix journaux, et, au nom de la camaraderie, fait insérer un article laudatif auquel il a lui-même travaillé pendant la nuit dernière. Jamais Homère ne fut vanté comme lui; mais depuis trois mille ans on relit Homère; et nul, de mémoire d'homme, n'a été au-delà du frontispice et de la vignette du chef-d'œuvre inconnu.

— « Vicomte, dis-je, le temps m'est précieux, épargnez-moi, je vous en supplie, les infiniment petits; j'accepte le panorama de vos sommités; quant aux autres, faites, Seigneur, que la terre leur soit légère!

— « Oh! pour le coup, repartit M. de L..., vous ne vous plaindrez pas; voici M. S..., romantique en paroles, et classique quand il écrit; admirateur passionné des vers de MM. Deschamps, Hugo, Lefèvre; mais tout en se gardant bien de faire comme eux. Il marche de loin sur les traces du grand ami;

il a, lui aussi, par centaines, des affections de cœur, et il a soin de fermer sa porte à ses amis véritables : il ne veut pas des émules, et il affectionne les flatteurs. Il tourne admirablement un vers, et l'applique en mosaïque brillante sur l'œuvre d'autrui, car il invente peu; tout son théâtre se compose de pièces modelées sur des chefs-d'œuvre étrangers. Cependant il a le génie des vers, et sa poésie est digne d'éloges aussi bien que toute sa vie privée; il est doux, bon, serviable; et, en fait d'opinion, il n'a été encore que de Bonaparte à la branche aînée, et de celle-ci à la cadette.

Voilà sa fille auprès de lui, poursuivit le vicomte dont je suis loin d'approuver l'ensemble du jugement sur cet estimable littérateur; sa fille, qui a réellement du génie et qui serait montée haut sur le Parnasse, si les enivremens précoces n'eussent pas nui à son talent prodigieux. Les imbéciles ont dit que son père fait ses ouvrages : il n'en est rien.

Regardez-la, et vous verrez bientôt dans ses yeux étinceler la flamme créatrice.

A son côté, est le comte Jules de Resseguier, poète léger, suave, gracieux, qui plaît par ses vers, par son caractère. Il s'est mis à copier M. S...; il en a pris les gestes la voix, les manières. Il a renoncé à être lui, pour se faire autre; c'est une modestie qui me passe : il me semble si naturel d'être soi..... Mais, en vérité, je crois que madame de S...S... a réuni ce soir l'universalité de la littérature. Voici M. Al.... Du...., qui a de l'imagination, de la chaleur, de l'entraînement assez pour se passer de génie; d'autres plumes unies à la sienne, et puis la camaraderie, l'ont fait monter à la première place. Pourra-t-il s'y soutenir? j'en doute. Ses derniers chefs-d'œuvre pâlissent, et *je me suis laissé dire* que ses séides sont las de le laisser faire toujours le Mahomet à lui seul; pareil bruit me vient de la coterie Hugo. Ces deux messieurs avaient cru fonder double monarchie; je crains bien qu'un beau matin elles ne dégénèrent en république; et franchement ces rois demeurés seuls ne sont pas de force à reconquérir sans aide leur trône.

Je me suis mis alors à dire si le culte de M. Hu... durait toujours?

— «Oui, car le dieu se donne une peine infinie à consolider lui-même son temple. Sa querelle avec un de ses libraires nous a fait connaître qu'il en est encore à composer de sa main les louanges que tant de feuilletons lui donnent. Celui-là franchement n'ira pas plus loin: sa *Notre Dame de Paris* restera son chef-d'œuvre. Voyez quel dégringolando du *Cromwel* à *Hernani*; d'*Hernani* à *Marion Delorme*; de *Marion Delorme* au *Roï s'amuse*; du *Roi s'amuse* à *Lucrèce Borgïa*; de *Lucrèce Borgia* à *Marie Tudor*, et de celle-ci à l'infortuné *Angelo, tyran de Padoue*. Ne vous semble-t-il pas voir ici l'échelle de Jacob, par laquelle les anges descendaient du ciel. Hé bien! en poésie c'est la même chose; le dernier coup de foudre a tonné moindre que le précédent, le prochain ne sera qu'un pétard.

On ne se fait pas homme de génie, même en remplissant, aux douze premières représentations, les salles dramatiques de ses intimes. Demandez à M. d'Arlincourt ce que lui coûtèrent les six représentations de son Siége de Paris ; à M. S... combien lui ont rapporté les triomphes de ses tragédies. Ah ! si nous comptions avec M. H... que la confusion serait complète !

— « Le tort de ces messieurs, c'est d'avoir forcé la nature ; c'est surtout de s'être mis à crier : A bas Corneille ! à bas Racine ! à bas Molière ! Ils ont cru qu'on recommençait ces prodigieux esprits avec du manége et de la bonne volonté. On les a laissé vociférer : *Enfoncé Racine ! enfoncé Voltaire !* Et tandis que les clabaudeurs tombaient eux-mêmes, les ombres majestueuses de ces grands hommes montaient au ciel brillantes et toujours admirées.

— « Nommez-moi, dis-je, ce beau garçon mal assuré sur ses jambes.

— « Hélas ! reprit le vicomte, celui-là, dès le début, brûla d'un feu sacré : il brilla d'une lumière pure, on applaudissait ses tragédies écrites avec autant de goût que d'élégance. Il atteignait les portes de l'Académie française; encore un effort, et elles allaient s'ouvrir pour lui..... Tout à coup, soit remords, soit terreur de conscience; il se recula volontairement, déserta la cause sacrée, passa aux ennemis, et dès lors son talent poétique disparut. Vampire de nouvelle classe, il se rua sur les productions d'autrui, s'en empara sans les déguiser, les fit siennes, gagna de l'argent et perdit ce que l'argent ne remplace pas, la considération littéraire. On cessa de le regarder comme un auteur distingué; on le classa parmi les vaudevilistes. L'Académie française étendit sur lui l'anathême qu'elle lance sur eux et en exceptant MM. Dupaty et Scribe.

Ne le plaignez pas, il est riche; il sera considérable aux yeux des hommes du jour; il a manqué à l'amitié, il a fait sa fortune avec l'esprit d'autrui; cela prouve que lui-même n'en manque pas.

— « Je suis charmé, continua le vicomte,

que la femme suive le mari; l'union de ce couple est parfaite, on les voit toujours ensemble; ils s'aident réciproquement: Madame prête à monsieur son imagination; Monsieur secourt madame de son expérience. Elle a donné un roman sous le nom de son mari, et le mari prépare à son épouse un brillant succès dramatique. Cette muse nouvelle est une syrène, une Armide au XIXe siècle. Elle a un esprit fin et délicat, elle sait comment il faut manier les caractères. Elle emploie l'amitié pour arriver à ses fins, comme autrefois on se servait de l'amour. Il serait doux de croire à son attachement. Ne vous y fiez pas; toute son application est un leurre, elle a besoin de vous et vous fait agir; lorsque vous ne lui serez plus bon, elle vous repoussera, et puis ira vers un autre. Cependant si on se tient sur la défensive, si on ne veut d'elle qu'une société charmante, nulle part on ne la trouvera plus parfaite: on l'a calomniée, on a eu tort. Elle peint avec un vrai talent; tout ce qu'elle fait est marqué au coin de la supériorité. Mais, je vous le répète, n'ayez en elle ni confiance ni abandon : *experto crede Roberto.*

— « Vous me donnez, dis-je, une envie furieuse d'aller faire ma cour à Madame.... A tout prendre, sa conversation doit être ravissante.

— « Oui.

— « Mais, avant que je vous prie de me présenter à cette femme si redoutable, mettez un nom sur ces deux physionomies qui viennent de se faire tant de complimens à cette porte.

— « Ce sont deux de nos auteurs dramatiques, l'un, M. d'Espagny, est selon moi à la tête de cette partie majeure de la littérature. Il possède le talent de créer; il sait mieux que tout autre ménager, disposer son sujet, le conduire à point; ses personnages sont toujours vrais, et pour peu qu'il veuille chercher à tracer de beaux caractères, on ne lui contestera ni la suprématie ni le génie. Je crains que la nature lui ait refusé la faculté d'écrire en vers ; par vers j'entends de la poésie à la manière de Molière, de Piron, de Gresset, et non les pâles lignes rimées d'Alexandre Duval, par exemple, ou, encore pis, de Picard. M. d'Espagny, à cette supériorité incontestable, joint des mœurs douces, une politesse aisée, une bienveillance universelle ; il est bon, simple, obligeant, nonchalant, peut-être complimenteur, promettant ce qu'au fond il se dispensera d'obtenir. Je ne parle que de ce qui concerne son art, mais l'honneur, la probité sont ses enseignes, et heureux sont ceux auxquels il accorde son affection.

— « J'aime, dis-je, à vous entendre parler ainsi ; vous êtes juste, impartial. Qu'allez-vous me dire du collègue de M. d'Espagny.

— « Que je ne vous conseille pas, répliqua le vicomte, de vous trouver en rivalité quelconque avec lui, car, le cas échéant, ce sera pis qu'un démon ; sa salive a le mordant de l'acide prussique, et il fustige le prochain avec une candeur ! une bonhommie ! un aplomb ! Oh ! c'est impayable. Il saura sur votre compte le vrai, le faux et répétera tout de façon à ne pas vous être agréable. Je crois qu'il s'aime beaucoup, et que ses affections sont en rapport du profit qu'il peut tirer de l'amitié. A-t-il besoin de vous ? il ne fera faute de visites ; a-t-il réussi, ou vous a-t-il compromis ? adieu la compagnie. On prétend qu'il outre l'économie : peut-être est-ce une qualité que quelqu'un, par esprit de vengeance, aura tourné en ridicule. Homme sage, il n'a pas d'opinion politique : royaliste d'abord, puis libéral, il s'est fait juste-milieu, attendu qu'il a ramassé quatre ou cinq bonnes places que d'ailleurs il peut remplir très-dignement. Maintenant je rendrai hommage à son esprit : il en a beaucoup, il compose, il engence bien un plan, cherche et trouve des effets, rime en général ses comédies, et jouit d'une réputation d'auteur dramatique que la postérité lui conservera.

— « Alexandre Duval, demandai-je, a-t-il passé l'onde noire?

— « Il survit à sa réputation : c'est pire que s'il était mort. Il est au nombre de ceux sur lesquels la jeunesse pensante, agissante, réfléchissante, a jeté sa sentence d'excommunication. M. Duval, tout en poursuivant les faveurs des deux derniers rois, faisait de l'opposition, travaillait à chasser notre royale famille : il y a réussi pour sa part; mais avec elle on l'a mis à la porte; on a oublié ses succès, la liste de ses bonnes pièces, vingt ans d'applaudissemens... Un décret l'a déclaré perruque, ganache, homme de l'empire; et dès lors on ne l'a plus joué; il n'oserait reparaître, sous peine d'être sifflé. Oh! nos Jeunes-Frances sont impitoyables. *Ote-toi de là que je m'y mette* : c'est leur règle, leur loi sévère; ils ne s'en départent pas.

— « Mais vous, que pensez-vous de ce poëte?

— « Que, dans trente ans, ce sera encore pis. M. Duval a toujours écrit sous l'inspiration du moment; on ne le comprendra plus lorsque le temps aura passé sur les hommes et les choses. Par exemple, il porte la haine de la noblesse jusqu'au fanatisme, et voici que tous nos bourgeois veulent être nobles. Il en résultera sous peu que l'on taxera cet auteur de jacobin. Que dis-je? la chose est faite. L'an dernier, dans la rue des Bourdonnais, des commis d'une forte maison de draperie ayant voulu jouer la *Fille d'honneur*, le patron mit son veto, attendu que le sujet était immoral, et l'ensemble républicain. »

Je me mis à rire; puis, prenant la parole :

— « Morbleu! ils le méritaient bien, ces messieurs qui, pour flagorner des imberbes, ont calomnié une caste tout entière : cela servira de leçon à leurs successeurs. Je gage qu'Étienne n'est pas plus heureux, lui qui, dans le *Constitutionnel*, a tant de fois encensé des enfans.

— « Je ne lui conseillerais pas de lancer au jour une publication moderne, ni lui, ni M. de Jouy, autre demi-dieu brisé par ceux-là mêmes dont il a fait la fortune; et, cependant, qui aima plus la jeunesse, qui la protégea plus activement et avec un esprit prodigieux encore? qui se montra meilleur patriote, à la façon de ces gens-là, que l'auteur de l'*Ermite de la Chaussée-d'Antin* et l'auteur de *Sylla?* Tant de services rendus ont irrité le nouvel âge; on le dédaigne aujourd'hui, et ceux qui, dans les journaux, l'insultent avec le plus de male-rage, sont ceux-là mêmes qu'il a le plus loyalement obligés. »

IX.

LE COMTE DE SAINT-GERMAIN.

Un faiseur de miracles à Paris. — Anecdote à son sujet.—M. de M... — Colloque avec mon valet.—Désappointement d'amour.—Histoire abrégée de l'Hôtel-de-Ville de Paris.

PENDANT qu'à l'imitation d'Hélène et d'Herminie, le vicomte de L... me faisait connaître les littérateurs réunis chez madame de Saint-S..., nous entendîmes à deux pas de nous un groupe d'où partaient des exclamations de surprise.

— « Approchons-nous de ces messieurs,

me dit mon interlocuteur; l'un d'eux va raconter quelque chose d'extraordinaire.

— « N'y aura-t-il pas d'indiscrétion ?

— « Je les connais tous, et ils seront charmés que vous alliez à eux. »

Je le suivis. La conversation était échauffée; M. de M... disait :

— « On peut nier : soit; mais c'est tout. Les faits sont là : qu'on les juge.

— « Il s'agit de magnétisme, dit le vicomte à l'un de ses voisins.

— « Non, pas précisément, quoique la chose en soit limitrophe. C'est M. de M... qui dit avoir revu le comte de Saint-Germain.

— « Oui, repartit celui-ci, je l'ai vu avant-hier aux Tuileries; je lui ai parlé.

— « D'où le connaissiez-vous?

— « Mon Dieu! j'en ai eu la tête cassée, dans ma jeunesse, par mon oncle et mon aïeul; ils me l'ont dépeint si bien, que je l'aurais retrouvé entre mille. Au reste, je ne suis pas le seul qui ait eu cette vision, car le baron de L.......-L...... m'a certifié l'avoir vu trois fois. D'ailleurs, à la manière dont il m'a abordé, je n'ai pas eu de peine à croire que c'était bien lui.

— « Monsieur, dis-je à ce personnage, seriez-vous assez bon pour me raconter les particularités de cette entrevue ? »

Un regard jeté sur l'étoile qui brille sur le côté gauche de ma poitrine parla, je crois, plus éloquemment que mon désir. Ceux qui avaient déjà contenté leur curiosité s'éparpillèrent ; je restai seul avec le marquis de M.. et le vicomte de L... Nous nous mîmes à l'écart dans un arrière-cabinet que la foule laissait solitaire, et là, le narrateur prenant la parole :

— « J'apprendrai d'abord à *Votre Excellence* que mon grand-père et son frère sont morts tous les deux, en 1814, âgés, l'un de quatre-vingt-quatorze ans, et l'autre de quatre-vingt-douze, ce qui, par conséquent, rapportait à l'an 1720 la date de la naissance du premier, et à deux ans plus tard celle du puîné. Quant à moi, qui prouve par ma vieillesse prolongée la pureté du sang paternel, je toucherai, vienne le mois prochain, ma soixante-huitième année, ce qui rejette ma venue au monde à l'an de grace 1768. J'ai donc vécu quarante-quatre ans avec mes chers et vertueux parens. Tout ceci m'est nécessaire, afin de vous prouver qu'ils ont eu le loisir de voir mille fois le comte de Saint-Germain à Versailles ou chez la marquise de Pompadour, chez la comtesse d'Adhémar, chez la fameuse mademoiselle Quinault l'aînée, le comte de Caylus, le baron d'Holbach, et surtout chez la vieille duchesse de Phalaris, dont il ne bougeait. Je suis enfin, vous dirai-je, le portrait vivant de mon aïeul.

« Avant-hier, par un beau soleil, j'étais descendu de la rue de Lille, où je loge dans mon hôtel patrimonial, aux Tuileries, et là je me promenais, non dans la grande allée encombrée d'une foule qui m'est odieuse, mais dans celle du milieu du bois. Un monsieur bien vêtu, un peu surchargé de bagues, comme le financier Thibaudois, me croise, m'examine, s'arrête, reprend sa route et passe.

— « En voilà un, dis-je, qui a cru me reconnaître..

« J'allai à cent pas plus loin, et je me retournai. Je fus de nouveau presque abordé par le personnage qui recommence son manége : il me déplaît. Je quitte l'allée, j'entre dans le parterre, et, profitant d'un groupe de chaises, je vais m'y asseoir. Deux minutes après, arrive droit à moi l'homme en question, qui, me saluant à la vieille manière (la bonne) :

— « Pardonnez mon indiscrétion, dit-il, mais, Monsieur, il me serait doux de savoir si je parle au marquis de M...

— « A lui-même, Monsieur, répliquai-je.

— « Je l'aurais parié ! s'écria-t-il, car vous êtes le portrait vivant de mon intime ami, votre aïeul, le *cordon rouge*, ainsi que nous le désignions dans notre intimité.

— « A mon tour, Monsieur, dis-je, je m'étonne qu'un homme dont la figure porte à peine quarante ans ait été lié avec un vieillard peu sociable dans les dernières années de sa vie, et que, si la chose a eu lieu, je ne vous aie pas aperçu, moi qui, dès 89, ne l'ai pas quitté dans sa bonne ou mauvaise fortune.

— « Oh! notre liaison, jeune homme (la qualification m'a surpris), remonte à une plus haute date : je suis le comte de Saint-Germain.

— « Le comte de Saint-Germain!.. le thaumaturge!

— « Oui, répondit-il en riant, celui qui fait des miracles. Vous avez dû entendre de nombreuses sornettes à mon propos.

— « Mais, Monsieur, la plus curieuse, la plus piquante, serait le seul fait de votre présence. La comtesse de Gergy vous a vu au commencement du XVIIIe siècle, à Venise; vous avez paru à Versailles d'environ 1740 à 1770; vous y êtes revenu, si j'en dois croire la comtesse d'Adhémar, ma bonne amie, vers 1789; un de mes amis prétend vous avoir vu...

— « A Carcassonne, dit le comte en me coupant la parole.

— « Et depuis la restauration, poursuivis-je, aujourd'hui vous voilà devant moi, en 1836, ce qui vous donne au moins un siècle et demi d'existence; car vous deviez avoir vingt ans lorsque la comtesse de Gergy fit votre connaissance. Vous ne paraissez pas avoir plus de quarante à quarante-cinq ans : qu'est-ce que cela signifie?

« Je m'arrêtai; lui me demanda des nouvelles de tous mes proches, me cita les maîtres de mon aïeul et de mon oncle, et dont j'avais trouvé les lettres dans les papiers de la succession, et me rappela l'existence d'une certaine jument favorite de l'un et d'un perroquet appartenant à l'autre, laquelle pauvre bête avait décédé en émigration, en 1800, après avoir été dans la famille pendant un siècle. Nous la fîmes empailler, et elle est chez moi... J'avoue que ces détails si précis, si indifférens, si peu connus du public, me confondirent. Je me dis de tout examiner, que cet homme pouvait bien être un fripon ; je finis par me laisser entraîner au charme de sa conversation et par lui ouvrir ma maison, me promettant de me tenir sur mes gardes. Voilà, Messieurs, le précis de ma première conversation avec le comte de Saint-Germain.

— « Vous l'auriez revu ? dis-je alors.

— « Oui, Monsieur, ce matin ; et il m'a encore plus séduit. C'est, dans tous les cas, un compère bien aimable. Il est venu dans sa voiture, et il loge hôtel d'Angleterre, rue Jacob. »

Je fus sur le point de me récrier ; mais, m'étant retenu, je me contentai de remercier le marquis de M... de sa complaisance. Il nous quitta bientôt.

— « Je gage, me dit le vicomte, que vous tenterez de voir ce maître charlatan.

— « Je ne crois pas à la sorcellerie.

— « Soit ; et pourtant le comte de Saint-Germain vous escamotera quelques roubles. »

Je me récriai sur le peu de confiance que M. de L... avait en moi, et, peu après, je m'échappai de cette soirée où j'avais eu horriblement chaud; mais aussi deux cents amis étaient là. Comme cela devait toucher l'ame!

En rentrant, je trouvai Gustave qui m'attendait.

— « Mon enfant, dis-je, il y a dans l'hôtel un étranger qu'on nomme le comte de Saint-Germain; sachez où est son appartement.

— « Je le sais, répondit mon valet élégant, c'est celui du premier étage, au dessous du vôtre, Monseigneur. On raconte de ce Monsieur des choses bien étranges : il n'a amené avec lui qu'un homme de confiance, âgé d'environ cinquante ans; et hier il disait à la portière qu'il avait vu mourir Henri IV; car il y a près de six cents ans qu'il se promène dans les quatre parties du monde avec son comte.

— « Aussi fait-il des contes.

— « Je le pense, Monsieur. »

Là dessus je congédiai Gustave et me couchai. Le lendemain, revenu à mon poste pour surveiller ma jolie voisine, je ne la vis pas; sa fenêtre demeura fermée. Serait-elle malade? me dis-je. Je me hâtai d'envoyer mon moujick chez le comte S...., afin de savoir de ses nouvelles, et mieux encore de celles de sa céleste fille. Tous les deux se portaient bien; je ne pus plus tard résister au désir d'aller moi-même leur faire une visite, à titre de bon voisinage. Le comte se montra charmé de mon empressement. J'aurais voulu voir une satisfaction pareille briller au front de Naliska; je n'eus pas ce bonheur; ses yeux ne me présentèrent qu'une parfaite indifférence. Je pensai au bonheur dont jouissait l'homme de la mansarde, et je me mis à le détester cordialement.

L'amour est injuste; il est égoïste surtout; il ne s'informe pas s'il nuit, s'il déplaît aux autres. Il lui semble au contraire que qui se place en obstacle devant lui le fait sans droit et contre toute convenance. Ainsi nous sommes faits, et je me trouvai sur ce point construit comme tous mes confrères les autres mortels.

Le comte de S.... avait formé le projet, ce jour-là, de visiter le Luxembourg. Je lui fis observer que le moment était mal choisi : la chambre des pairs étant en séance, on nous déroberait l'entrée d'un grand nombre de salles, et les plus curieuses certainement.

— « Faisons mieux, dis-je; ma voiture est prête, allons parcourir l'Hôtel-de-Ville. »

Ma proposition fut acceptée; la jeune comtesse se leva pour aller passer une robe et mettre un chapeau. Je restai seul avec le père; mais, joyeux de la matinée agréable que je me procurais, ma satisfaction dura peu : la gouvernante de mademoiselle S... vint et annonça que sa pupille, en essayant des souliers neufs, avait, par un faux mouvement, presque foulé son pied, et qu'il lui serait impossible de marcher avant au moins deux fois vingt-quatre heures.

Le comte s'exclama sur ce malheur; il me quitta un instant et courut vers la souffrante; il revint peu après me confirmer ce que la bonne dame nous avait dit. J'avoue que je n'en crus pas un mot; ceci, pensai-je, est une ruse de cette belle personne, qui veut se procurer plusieurs heures de liberté, pendant lesquelles les deux fenêtres ne seront pas désertes. Si je l'eusse osé, j'aurais rompu la partie; mais le comte, je ne sais pourquoi, tenait à voir l'Hôtel-de-Ville; il insista, et moi, qui m'étais offert, je ne pus pas reculer.

Il fallut donc partir; je le fis en maugréant et avec une sorte de méchante humeur qui se déguisait mal. Je ne sais comment j'écoutai ce que le comte me débita touchant l'ancien Hôtel-de-Ville, et comment je peux me le rappeler aujourd'hui.

Il paraît que le siége de l'administration municipale parisienne changea plusieurs fois de local avant d'arriver au lieu où on le trouve aujourd'hui. Au commencement de la troisième race, la *Maison de la marchandise*, comme on la nommait alors, était établie sur le quai de la Mégisserie. Plus tard, le *Parloir des bourgeois*, non loin situé du premier lieu, était plus rapproché du Grand-Châtelet; ensuite on le transporta tout auprès de la porte Saint-Michel; enfin, en 1357, le 7 juillet, le corps de bourgeoisie acquit pour la somme de 2,280 livres parisis la maison *de Grève*, nom qu'elle portait déjà en 1212, lorsque Philippe-Auguste l'acheta de maître Éloin, chanoine de Notre-Dame. Elle porta d'abord le nom de *Maison aux piliers*, à cause sans doute du portique informe qui la décorait; puis ayant été donnée pour logis aux deux derniers dauphins Viennois, on ne la désigna que sous la qualification de *Maison aux dauphins.*

En 1532, on songea à la rebâtir; la première pierre en fut posée, en 1533, par Philippe Viole, prevôt des marchands; mais le plan en ayant été trouvé trop gothique, on le changea. Henri II, à Fontainebleau, approuva celui qui existe encore, et on mit cinquante-deux ans à consommer la construction de l'édifice, qui fut seulement achevé en 1605. L'architecte fut Dominico Rouadoro, dit Cortonne, et Italien, comme son nom l'annonce.

Henri IV régnait alors; aussi sa statue, œuvre de Pierre Biard, élève de Michel-Ange, s'éleva en bas-relief de bronze, sur un fond de marbre noir. Dès lors, l'Hôtel-de-Ville devint le théâtre de grands événemens. Il vit, pendant les guerres de la Fronde, cet égorgement de plusieurs seigneurs et d'un nombre de bourgeois que l'on soupçonnait attachés à Mazarin. Louis XIV, chassé de Paris par des sujets rebelles, fit ériger au milieu de la cour sa statue en marbre, et, foulant aux pieds la révolte, ce prince même évita de rentrer dans sa capitale, et même de revoir l'Hôtel-de-Ville. Louis XV y vint rarement. Il n'en fut pas de même du malheureux Louis XVI; les fêtes de son mariage l'y amenèrent par deux fois. Il y reparut en 1789; la première, le 17 juillet, lorsqu'il vint se réconcilier avec son peuple et prendre la cocarde tricolore; la seconde, au 6 octobre, quand il y parut prisonnier de l'armée parisienne.

Ce fut dans les salles de l'Hôtel-de-Ville que naquit la révolution première, lorsque des électeurs sans mission en chassèrent le corps municipal. On y égorgea, sous l'arcade Saint-Jean, le gouverneur de la Bastille et plusieurs de ses officiers; on en arracha, le même jour, le prevôt des marchands, Flesselles, que l'on tua sur le quai Lepelletier. Ce fut encore en face de l'Hôtel-de-Ville que l'on mit à mort successivement MM. Foulon et Berthier, et le cœur du premier et la tête du second furent portés en triomphe par des cannibales, sur la table de la salle Saint-Jean.

Au 10 août 1792, une commune factieuse s'empara de l'Hôtel-de-Ville et y régna jusqu'à la chute de Robespierre; c'était de ce lieu que Lafayette était parti le 5 octobre 1789 pour s'emparer de la famille royale. Ce fut de là que, le 2 septembre 1792, les égorgeurs se ruèrent sur les prisons, et là que, plus tard, on leur paya leur abominable salaire.

Dès lors chaque insurrection jacobine eut son foyer à l'Hôtel-de-Ville. Au 9 thermidor, Robespierre et ses complices y trouvèrent d'abord un asile, et puis y furent traqués; et puis là encore, ce même jour, le sang coula; mais, grace à Dieu, cette fois c'était le plus impur de la France.

L'Hôtel-de-Ville cessa d'avoir de l'importance. Depuis 1794 jusqu'en 1812, où le général Mallet essaya de lui en redonner en le destinant à devenir le siége du gouvernement provisoire. Sous l'empire, sous la restauration, l'Hôtel-de-Ville prodigua les fêtes. Tout sanglant, tout rebelle souvenir en était effacé, lorsqu'en juillet 1830, et la ville étant demeurée au pouvoir du peuple, un gouvernement provisoire s'établit à l'Hôtel-de-Ville. Le duc d'Orléans, en venant le visiter, en ressortit avec la certitude de la couronne, en retour, dit-on, de l'adoption d'un programme républicain. L'Hôtel-de-Ville, jusqu'au 9 août suivant, régna sur la France; mais, dès ce jour venu, le roi des Français déployant une dextérité incroyable, combattit l'anarchie pied à pied, lui dénia tous ses engagemens, et prétendit faire, avec raison, s'il en avait le droit, de la monarchie et non de la république.

Là encore l'Hôtel-de-Ville clôtura son rôle politique pour recommencer à donner des fêtes. On parle de le reconstruire sur un nouveau plan, de le prolonger jusqu'à la rivière, et de lui procurer l'espace qui y manque dans les grandes fêtes bourgeoises.

Le comte S....me débita presque mot à mot ce que je viens d'écrire. Il m'en avait tant dit sur cet édifice, que j'écoutai avec impatience le sot Cicéron qui, s'emparant de nous, nous assomma de son indigeste érudition. Pour le faire taire je lui demandai où étaient les statues érigées à La Fayette et au général Dubourg, les héros réels des trois journées; le dernier surtout qui seul se montra, qui seul agit, qui seul exposa sa tête, et qui seul a été chassé de l'Hôtel-de-Ville, du Palais-Royal et des Tuileries. O Providence!

X.

Des romanciers de l'époque. — M. Georges Sand. — M. de Balzac. — De quelques autres. — M. Hugo. — Le roman *Intime*. — Le roman *Néochrétien* des femmes auteurs. — Anecdote.

Un de mes, amis et compatriote attaché des nœuds d'une franche amitié avec le célèbre sir Walter-Scott, m'avait prié, en venant en France, de lui rapporter de l'écriture, et, si je pouvais, la signature des dix premiers romanciers français. Je regardais cette commission comme importante et pénible. Me convenait-il de décider du rang de célébrité entre tant de gens de lettres, et la Renommée, cette prostituée capricieuse, distribuait-elle impartialement les degrés et la réputation.

— « Faites-vous entrer en ligne de compte, demandai-je à mon ami, les femmes auteurs qui suivent la même carrière?

— « Non, certes, me dit-il; toutes sont des Richardson, des Sterne, des Lesage. La dernière a laissé bien loin mesdames de Lafayette, de Genlis, Cottin, et de Staël. Ne les mettez pas en jeu; il m'en adviendrait ce qui est advenu naguère dans ce pays, à propos de trente copies de portraits, commandés par le gouvernement. Quarante-quatre artistes femelles ont été placés en avant des pauvres artistes mâles. Vingt-neuf portraits ayant été confiés aux pinceaux féminins, un seul fut accordé à un homme, et encore parce que *son épouse*, peintre aussi, se trouvait, dirai-je, en gésine, ou au moins l'équivalent.

Le prince T.... me sortit d'un grand embarras; j'aurais été perdu s'il m'eût fallu faire un triage dans l'immense galop littéraire féminin actuel. Paris regorge de dixièmes muses ; force sera avant peu d'en admettre onze ou douze; car enfin, à moins d'être bien prolétaire, on ne peut, quelque rétréci que soit le cercle de nos relations sociales, y compter moins de trois ou quatre dames auteurs; c'est un débordement, un déluge de nouveau genre. La femme a envahi le temple des arts; elle est en foule dans chacune des divisions, peintre, sculpteur, poète, graveur, architecte même; elle ne laisse rien au premier sexe. Avant peu, elle envahira l'armée, et nous verrons des promotions féminines depuis la lieutenance jusqu'au maréchalat.

Cependant je tenais à complaire au prince, et, après deux ou trois semaines accordées à me reconnaître au milieu du tourbillon de l'immense ville, je pris à part mon guide suprême, le vicomte de L..., lui communiquai le travail pénible dont j'avais charge, et le conjurai de venir à mon aide.

— « Oh! me dit-il, rien n'est plus facile : les dix premiers romanciers de l'époque sont incontestablement les dix que je connais. Ce sont, je vous le répète, de fiers génies, bons viveurs, fortes barbes de bouc, logés en moyen-âge, et n'ayant de classique que le linge; c'est-à-dire qu'il est sale. Ils boivent, fument, dédaignent l'univers, font tout ensemble une page de leur œuvre ébouriffante, et l'article d'éloge que le journal ami imprimera; tous fils d'*honnêtes* marchands, de *vertueux* villageois, d'*honorables* ouvriers, qui, n'ayant vécu intimement dans leur radieuse jeunesse qu'avec de délicieuses écaillères, ou des raccommodeuses de bas de soie, ne manquent pas de se lancer dans les scènes du grand monde, et de prendre pour type de leur marquis héros le premier coupeur du tailleur à la mode, et qui peignent la maréchale de Luxembourg trait pour trait, d'après la grosse marchande de toile, *si cossue* et *si belle dame*, dans le passage du Saumon.

«Ce sont vos hommes. Leur réputation est faite. Il y a cinq grisettes qui ont d'eux la plus haute opinion. La mère de l'un et la sœur de l'autre, l'une, revendeuse au Temple, et l'autre, bouquetière au passage de l'Opéra, me confiaient avant-hier que la princesse M.... rêvait en pensant au beau et sublime romancier, et qu'une reine d'une île déserte leur faisait faire par ambassadeur des propositions de mariage.

—« Mais, vicomte, repartis-je, chacun peut avoir comme vous ses dix premiers auteurs, surtout s'ils sont semblables aux vôtres; je voudrais non les protégés d'une coterie, mais les génies avoués de la France; l'envie me prend de consulter là dessus les cabinets de lecture.

— « Ceux-là ne vous diront pas mieux la vérité. Il y a des quartiers où tel auteur a la vogue, qu'un dédain superbe lui refuse dans un autre. Lorsque vous verrez, gras, puans et déchirés, les romans de Victor Ducange, de Paul de Kock, de Ricard, soyez assuré presque de trouver intacts, à côté, les écrits de MM. de Balzac, de Vigny et de Lamothe Langon. Accorderez-vous, par cela seul que tous les feuillets ne sont pas coupés, des romans de MM. Soulié, Théodore Muret, que ces auteurs soient sans mérite. Ils en ont, c'est vrai ; mais on bâille en les lisant, et dès lors on aime mieux lire le bel éloge, en compte rendu, qu'on en trouvera dans la *Presse* et la *Quotidienne*.

« Qui d'ailleurs n'a fait des romans depuis défunt Rabbe mort, jusqu'à défunt Guiraud vivant. M. Scribe est le seul qui n'ait pas exploité cette branche de littérature ; il y fera brèche un jour, et vous verrez alors quel tapage ce sera dans la librairie ; on ne voudra plus que du Scribe, et cela comme au Gymnase, à l'Opéra-Comique et à l'Hôtel-de-Ville, autre lieu à tréteaux, où les acteurs ne sont ni moins nombreux ni moins habiles ; vous verrez pâlir les annonces d'Arlincourt et Lottin *de Laval*, les plus pantagruélistes qui aient jamais ravi quelques minutes d'existence légale à l'honnête homme et de bon sens.

« Faites insérer dans les petites affiches qu'il vous faut les dix premiers romanciers du jour. Je veux être un fat si, avant la semaine, vous n'en avez pas cinq ou six cents douzaines *de premières dizaines* à votre dévotion, bien entendu que vous aurez mis à l'écart les dames, ce qui ne les empêchera pas d'accourir toutes chez vous, avec leurs parens, amis et connaissances; avec l'intime surtout, et elles vous prouveront que vu l'émancipation prochaine du second sexe, on peut, en attendant, les caser *in globo* dans ladite première dizaine des romanciers, hommes que vous avez demandés inclusivement. Oh! les jupons ont une manie étrange; celle de se transformer en haut-de-chausses, en meubles nécessaires à tout prix.

— « Ainsi donc, vous ne voulez pas m'indiquer ma dizaine.

— « Non, par cela seul que vous en voulez dix ou dix uniquement. Si vous m'aviez demandé quels sont les premiers romanciers, c'est-à-dire ceux qui se vendent à grand nombre, et chaque fois qu'il leur plaît de publier un nouveau roman, j'aurais pu vous citer en avant de tous, et hors ligne, madame Georges Sand. Voilà, par exemple, le roi du roman de l'époque; c'est Jean-Jacques Rousseau recommençant l'Héloïse sur un nouveau plan. Quelle plume! comme elle est sublime, élégante et vigoureuse. On connaît à l'avance les acteurs de chacun de ses romans. Oh! la pierre précieuse par excellence que *Leone Leoni;* comme tout y est naturel, exact et vrai.

Je lis cet auteur avec un attrait, un entraînement dont je ne peux pas me défendre; j'admire son art infini; les ressources de son style, les prodiges de son imagination, et cependant que je voudrais la possibilité de la non-existence de ces chefs-d'œuvre. Georges Sand, prenez-y garde, Satan, sous votre nom, a fait irruption parmi nous. C'est lui qui vous dicte ces sophismes, ces paradoxes, ces assertions criminelles, menteuses, impudiques. Quoi, votre mission sera de détruire le mariage, d'anéantir la vertu au profit du vice. Quoi, l'homme de bien s'immolera à la passion brutale de deux insensés; les bagnes seront en droit d'être représentés dans nos salons, et la femme devra être respectée, bien que toutes les apparences soient contre elle. Elle pourra se rire du *qu'en dira-t-on*, et nul n'aura le droit de la traiter en fille comme elle paraît vouloir l'être...... Ah! Monsieur, qu'il est triste qu'un auteur supérieur soit dans la nécessité de défendre ce que tous blâment; de chercher à faire prendre le change sur la fâcheuse réalité. Sortez, sortez de cette fausse route ; la femme qui se respecte, la jeune fille qui veut entrer chaste et pure dans le lit nuptial, ne peuvent lire sans péril ces plaidoyers incendiaires de la volupté grossière et terrestre. Ainsi, pour vous complaire, il faudrait que toutes fussent à tous; qu'un hymen ne durât qu'autant qu'une nouvelle fantaisie n'en réclamerait pas la fin. Notre vie peut-elle être achevée au gré de la débauche? lassée ou violente, avons-nous le droit d'échapper à la lutte ou aux remords par la destruction? Non, et non cent fois. Vous trompez, vous profanez la vie humaine, vous en faites une courtisane dont on doit satisfaire les appétits désordonnés. Ah! rentrez dans une autre voie; que tant de génie, de sublimité, d'éloquence, de chaleur d'ame, ne soient pas employés au profit de la corruption! Quelle sera belle, large, brillante, la route nouvelle qu'il vous est plausible de parcourir! Songez que vous êtes le premier écrivain de l'époque, ou, pour mieux dire, que vous partagez cette suprématie avec l'ancien orateur chrétien, votre ami, cet autre ange tombé, qui, par l'erreur d'un funeste mirage, parti pour aller au céleste Eden, prend sans s'en apercevoir la route des terres infernales (1).

— « Eh! vicomte, dis-je en ce moment, prenez-y garde, vous prêchez, mon ami, vous

[1] M. de Jouy, ce spirituel appréciateur du mérite littéraire, a composé les vers suivans qu'il a écrits sous le portrait de Georges Sand. Nous les devons à sa longue amitié pour nous.

Est-ce un homme, une femme; est-ce un ange, un démon?
— *De quel genre te faire? équivoque sublime;*
Sand, es-tu fils du ciel ou fille de l'abîme?
Es-tu Sapho, de Staël, ou Jean-Jacque, ou Byron?
— Du monde primitif unique rejeton,
Je suis l'être complet: j'existe par moi-même,
Et j'ai résolu le problème
Des Androgines de Platon.

êtes monté en chaire; laissez faire l'abbé de Lamennais; lorsque la lumière de Paul ou d'Augustin l'aura ramené dans la bonne voie, il y fera rentrer aussi l'écrivain supérieur, que, comme vous, tout ensemble, j'admire et condamne..... Voilà donc, poursuivis-je, la première place du romancier masculin donnée à l'autre sexe, et, malgré le nom homme de cet auteur, notre trône en question ne tombe pas moins en quenouille.

« A la seconde place je ne craindrai pas de mettre M. de Balzac. C'est un profond observateur, un érudit habile en histoire de cœur humain; il nous peint non seulement dans nos habitudes, nos manies, nos vêtemens, notre physionomie, mais encore on nous retrouve chez lui dans les objets insensibles. La maison de cet avare n'a pu être élevée sur d'autres plans et avec d'autres matériaux. Concevez-vous madame Vauquer, née *de Conflans*, dans sa puante habitation de la montagne Sainte-Geneviève ; si on vous enlevait son allée de *tieulls*, vous vous apercevriez qu'elle manque à la symétrie de l'ensemble, bien que vous n'eussiez pas lu déjà le Père Goriot et le Manoir du médecin de campagne, et l'appartement de l'abbé Biroteau; disjoignez-les de leurs maîtres, je vous en défie. Un roman de M. de Balzac est un plancher de marquetterie à pièces de rapport; toutes sont nécessaires à l'agrément de l'ouvrage; ôtez en une, l'œil, blessé de son absence, la redemandera soudain.

« Peut-être cet auteur, exagérant sa pensée, accorde-t-il trop de temps à l'analyse; il dissèque, disserte trop; il cherche le mot prétentieux, afin d'alambiquer un peu plus sa phrase; il excelle dans la peinture des sociétés de diverses classes; il est heureux et vrai, hors lorsqu'il met en scène la *compagnie noble;* ici ses données manquent de justesse, il en revient à des types de fantaisie, il n'a pas assez vu ce qu'il décrit, et le temps et la patience lui ont manqué.

— « A l'étranger, dis-je, on ne comprend pas toujours cet auteur : on le trouve obscur.

— « Cela doit être ; il travaille si opiniâtrément son style, qu'il se blase ; alors il le voit froid et décoloré, ce qui certes n'est pas ; et, pour le ranimer, pour le brillanter, il tord Crébillon et Marivaux, il quintescencie le langage, ce qui parfois amène les ténèbres là où il a tenté de faire luire un jour radieux.

— « Et la troisième place, dis-je, à qui la donnez-vous ?

— « Je suis trop l'ami de cinq romanciers supérieurs pour oser décider entre eux ; peut-être que, si je me dépouillais de toutes préventions, je la donnerais à qui la mérite le mieux ; mais je suis si attaché à celui-là, que je ne me sens pas le courage de lui lancer aux jambes la meute de rivaux envieux et jaloux qui ne manqueront pas de se précipiter sur M. de Balzac. Celui-ci a, pour se défendre, sa réputation conquise et méritée. Sa canne *alcibiadesque*, et le portrait que vous verrez à un prochain salon, où il s'est fait effigier en moine, peut-être à cause de ses Contes drolatiques.

— « Cet écrivain a eu fort à faire pour attirer à soi l'opinion du public; vingt romans publiés sous divers noms n'avaient pu lui procurer une réputation même médiocre. Il est vrai que le meilleur de ceux-là est à mille lieues des plus inférieurs des derniers. Leur donnée en général est bizarre, invraisemblable : le merveilleux y domine; on y voit un écrivain qui prend une peine infinie à chercher l'originalité, et qui ne rencontre que le maniéré: ce n'est pas la même chose; enfin, entré dans la bonne voie, il a jeté son crampon sur le public. Cette position a décuplé ses forces, et alors il a demandé au génie ces inspirations supérieures, que jusque là il n'avait attendu que de combinaisons en dehors du droit et du vrai.

— « L'un de ses éditeurs lui donna la qualification *du plus fécond de nos romanciers*, est-ce un éloge? il faut le croire. Jamais éditeur, à part M. Gosselin, n'a cherché à nuire à sa clientelle. Or, si la fécondité est un mérite, je ne peux lui abandonner en ceci le premier rang; j'ai un ami qui le lui dispute, qui l'a peut-être même surpassé par le nombre d'ouvrages ou de volumes, et cela en se plaçant dans une situation particulière, absorbante, énervante, obscurcissante, et propre à le faire recouvrir de trente ou quarante millions de voiles d'oubli.

— « Croiriez-vous qu'il existe à Paris un homme de lettres bien né, qui a passé sa jeunesse dans la meilleure compagnie, dont il a conservé les traditions exactes, qui a joué un rôle politique, qui n'a prêté dans sa vie qu'un serment de fidélité, qui s'est rangé du parti du malheur, quand la cause sainte et juste a été perdue, et qui s'est mis à marcher seul..... Marcher seul en ce siècle où l'on avance en groupes, en batillons, qui n'a jamais flatté, désaltéré, payé, encensé aucun journaliste, et dont aucune gazette n'accueille les élucubrations; qui n'a point fait insérer, soit en payant, soit en intriguant, un seul article favorable à ses ouvrages. Que nul feuilletonnier n'a loué de *proprio motu;* qui n'a ni chauffeurs, ni compères ; qu'on ne voit nulle part, et en conséquence auquel nul ne s'intéresse. Ami pur de plusieurs ministres de la restauration, il refusa les honneurs et les fonctions importantes, il ne travaille à aucune des entreprises littéraires du temps. Son nom ne grossit jamais la liste de ceux que les libraires spéculateurs jettent au nez de toutes les dupes du prospectus. Eh bien! cet homme de lettres si délaissé, si dédaigné, si obscur, à qui M. Soulié donne une plume de perroquet, est parvenu à publier plus de quarante-quatre romans, et a mis à la mode ce que l'on appelle les Mémoires historiques; les trois plus célèbres de ce genre, les seuls qui ont surnagé, lui appartiennent. C'est lui qui a fait *les Mémoires de la comtesse du Barry, d'une femme de qualité et de Louis XVI.*

— « Ses quarante-quatre romans, par un effort d'imagination qu'on ne retrouve chez aucun de ses confrères, n'ont entre eux aucun trait de ressemblance, et, chacun offre sa collection étudiée sur la nature de caractères originaux. La bonne compagnie reparaît dans ses ouvrages, telle qu'elle a été successivement depuis la renaissance jusqu'à nos jours. Les reines, les princes parlent chez lui leur langue naturelle; ses hommes de qualité sont vrais, et il n'est pas moins exact quand il descend aux classes inférieures.

Il y a dix ans que l'on met ses ouvrages *en pièces;* que tous les théâtres sont alimentés des emprunts qu'on lui fait. M. Ancelot a dû sa fortune dernière à un plagiat de mot à mot du roman *le Chancelier et les Censeurs.* Ses confrères ont fait de même; et cependant nul n'a nommé mon ami. Dès qu'on prend la moindre scène dans le roman d'un auteur en crédit, tous les journaux en retentissent, et les journaux constamment se taisent lorsque tel succès appartient aujourd'hui à M..... ils ne s'occupent de lui que pour le livrer aux bêtes. On a sur son compte un thême tout fait, une phrase banale, dont on ne se départ pas, *cet infatigable auteur, qui péche par le style, ne laisse pas que d'avoir quelque imagination*, et jamais une analyse complète, un compte rendu, des réclames payées par le libraire, le recommandent quelquefois ; et cependant l'Europe s'occupe de ses contes : elle les connaît, on les a traduits dans toutes les langues usitées ; il a puisé aux meilleures sources, il a fait connaître des faits, et des pièces ignorées malgré leur haut intérêt ; celui-là aurait droit peut-être d'entrer dans votre catégorie, mais je ne vous le proposerais pas sans son consentement ; et il me le refuserait, satisfait de s'entendre directement avec le public ; il s'embarrasse peu de passer par les batteries rivales et ennemies, qui ne cessent de tirer sur lui à boulets rouges sans avoir pu l'entamer.

« Je pourrais bien, continua le vicomte, vous faire la part de ses défauts nombreux, vous détailler ses imperfections, mais, en vérité, je ne m'en sens pas le courage. L'injustice blâmable de ses confrères est telle, que je leur laisse en entier le soin de le déchiqueter à lanières menues. Au demeurant, quelque jour il prendra sa revanche, et je crois que, s'il s'avise de stigmatiser ses adversaires, ils ne pourront crier à l'injustice.

— « Certains me demanderont pourquoi j'ai repoussé de la première place M. Victor Hugo. Ma franchise répliquera, parce qu'il ne la mérite pas. Un seul livre qui n'est point parfait ne peut balancer vingt productions supérieures. Tout le monde qui écrit aurait fait Han d'Islande et Bug Jargal. Le premier est un conte d'ogre, sans intérêt, ou les horreurs sont entassées, et où éclate l'ignorance de tout ce qui concerne le nord. C'est là où pour la première fois je m'aperçus que les romantiques, ces prétendus amis du vrai, n'étaient en réalité que les adorateurs du faux.

L'exposition de Notre-Dame de Paris (l'arche sainte de la nouvelle Église) ne finit qu'à la cinquante-huitième page du tome second (première édition), c'est un peu longuet. Le nœud y est oublié; on ne peut songer à tout J'admire de belles scènes, des peintures brillantes et chaleureuses, des caractères vigoureusement dessinés; mais, dans un roman, il faut une action nouée, développée, accomplie; c'est ce que M. Hugo a dédaigné, par grandeur peut-être. Il y en a qui disent par impuissance; je voudrais que, pour fermer la bouche à ceux-ci, il nous donnât une œuvre qui eût un commencement, un milieu et une fin, sans épisodes surtout, car les épisodes sont le plus beau cachet de la stérilité.

On vient de nous ouvrir une nouvelle carrière, le roman maritime. Les dix auteurs qui exploitent l'Océan et la Méditerranée ne sont pas heureux dans leurs inventions. M. Sue a trouvé plus commode, dans son second roman, de copier le premier. Le *servum pecus* l'a imité si bien, que, dès qu'on a lu un *roman maritime*, on connaît les milliers qui sont arrivés à la remorque. Aussi les laisserai-je en paix. Dieu surtout me préserve de tenter *l'Abordage!*

Que dirai-je maintenant du *Roman intime*, autre expression vide de sens que *ces messieurs* ont créée. Le roman intime ou *psychologique*, c'est de l'ennui distillé, en mélange de l'aridité du cerveau; c'est pis ou à peu près pareil au roman *néochrétien*, autre absurdité de notre pauvre et mesquine époque. Le lecteur ennuyé jette ces pâles et insipides productions pour courir à celles de Georges Sand ou de M. de Balzac, où tout est plein de chaleur et de vie.

Je ne range pas dans ces classes les auteurs qui se donnent les noms de Mortonval, Michel Raymond, le biophile Lacroix (1), peut-être Ricard; ceux-là ont des formes à eux, animées, variées, plaisantes; ils intéressent, ils amusent, et on ne s'étonne pas de leurs

(1) M. Paul Lacroix (*Jacob le bibliophile*), est assurément l'un de nos meilleurs romanciers; sa fertile imagination crée des scènes intéressantes, amusantes, tragiques, comiques, et sa haute érudition leur donne la physionomie convenable aux époques où ces scènes se passent; je ne peux assez louer le *Bon vieux temps* et *Pignerol*.

succès. Mais, mon Dieu! que la Providence est maternelle, quand elle consent à fournir des libraires-éditeurs aux cinq ou six cents pataugiers qui, barbotant dans la basse boue du Parnasse, écrivaillent en dépit du génie et du sens commun. Qui nous délivrera d'eux? qui les renverra vers ces travaux utiles et manuels dont les ont sottement détournés une folle ambition, un insupportable amour-propre. Bons enfans, naïfs dans leur ignorance, qui se croient obligés de nous ennuyer consciencieusement, parce qu'ils ont eu un succès d'éclat dans la mansarde paternelle.

XI.

Encore des romanciers.—François Ier et Napoléon, *histoire fantastique*. — Que le prince de Tailleyrand mària par vengeance Napoléon avec Marie-Louise. — Causerie entre un maître et son valet. — Où est la vérité ?

Je n'ai pas épuisé le chapitre des romanciers, et, Dieu aidant, j'y reviendrai. Je ne peux laisser à l'écart et le spirituel de Steindall, si piquant dans sa verdeur caustique ; ni l'auteur de *Fragoletta*, qui avait cru inventer Olivier Brusson ; ni M. Viennet, passant des muses à la politique, du Parnasse à la tribune; ni M. Kératry, ennemi des Bourbons quand il dormait, et qui s'est éveillé orléaniste; ni M. Vatout qui a cru faire un roman parce qu'il traçait des lignes noires sur du papier blanc; ni M. Bignan, honnête homme, mais à qui M. Charles Malo ne pourra faire une réputation romancière; ni le marquis de Custine, que je ne peux juger encore, car je ne l'ai pas lu; ni M. Frédéric Soulié, ni M. Théodore Muret, ni monsieur..... ou plutôt messieurs; car, je le répète, il y a bien quinze ou seize cents noms qui pourraient tour à tour tomber de ma plume sur ces pages véridiques; et encore, je le redis, aussi me tairai-je sur le compte des dames, à part deux qui m'honorent de leur amitié, je livrerai la foule à la galanterie des feuilletons.

Maintenant, j'ai à raconter ce qui m'arriva de personnel à cette première époque de mon séjour à Paris. Je ne sais qui vint interrompre notre causerie avec le vicomte de L....; il en prit de l'humeur et me quitta. Je dus, à mon tour, pouvoir me débarrasser de l'importun ; car, peu après, je me vis libre, et aussitôt ma naissante passion me conduisit chez le Polonais, mon voisin. Nalinska était avec lui; je fus heureux, et mes regards, j'ose le croire, furent plus éloquens que mes paroles retenues par le respect.

Son père, presque aussitôt qu'il me vit :

— « Savez-vous la nouvelle? le fameux comte de Saint-Germain, décédé à Sleswig, est ressuscité, et il habite notre hôtel d'Angleterre.

— « Je le savais.

— « Vous l'avez vu ?

— « Pas encore. Et vous, comte ?

— « Ma foi, je ne vous cacherai pas qu'il m'a prévenu. Il cause à ravir, a de l'esprit comme un démon...

— « J'avais peur que vous ne disiez comme un ange; je vous aurais regardé alors en homme perdu, tandis que naturellement on se défie du diable. »

Le palatin se mit à rire, et reprenant :

— « Il sait par cœur tous les cabinets de l'Europe. L'empereur Alexandre le recevait beaucoup, et le comte déplore qu'il ne se soit pas trouvé près de lui au moment de sa mort; car il l'aurait sauvé. Il m'a raconté une histoire bien étrange. Pensez-vous qu'elle vous amuse ?

— « Oui, sans doute; mais pourvu que *mademoiselle* puisse l'entendre.

— « Oh! c'est très-canonique; il s'agit de Napoléon. »

A ce nom, je fus tout oreilles, et, me plaçant de manière à pouvoir examiner le beau profil de mademoiselle de S.... je me mis à prêter mon attention au père.

— « Le comte de Saint-Germain, dit celui-ci, prétend que l'empereur des Français, à son retour de la campagne d'Autriche, en 1809, s'en vint, de son premier élan, descendre, non à Paris, mais à Fontainebleau. Il fournit, selon sa coutume, l'espace d'une course si rapide, qu'il atteignit son château de plaisance, non seulement avant ses ministres, ses grands officiers, mais même avant les officiers intimes et le service commun de sa maison. Pour la première fois, l'impératrice Joséphine ne devança pas à un rendez-vous donné son bouillant époux.

« Il en résulta de la gronderie, une scène lors de l'entrevue, et l'adroit Corse, profitant de la circonstance, jeta en avant un mot du divorce prochain. Le reste de la journée, la soirée, furent orageuses ou mélancoliques. Napoléon, de bonne heure, sous prétexte de travail urgent, passa dans son cabinet; il était seul, et, vers minuit, le sommeil le saisit un instant. Il y céda; mais, s'éveillant au bout de quelques minutes, il se remit à l'œuvre.

« Dans ce moment on ouvrit la porte qui, dudit cabinet, conduisait dans la pièce voisine. Napoléon, surpris de l'audace de celui qui se permettait de venir à lui, se retourna vivement et vit un homme de haute taille ayant la barbe bien fournie, la physionomie fière et agréable à la fois, et surtout, en sa personne, un grand air propre à commander le respect.

Cet individu portait un pourpoint noir tailladé de satin blanc et rose, et il avait sur sa tête une toque aussi remarquable par l'élégance de sa coupe que par le jeu gracieux de sa plume blanche qui jouait autour.

« Dans toute autre circonstance, Napoléon aurait, par des moyens secrets, appelé la foule de ses gardiens; mais il fut tellement frappé de la ressemblance existant entre ce personnage et le portrait de François Ier, par le Titien, que la parole lui fut ôtée; qu'il demeura immobile et glacé. L'inconnu s'approcha de lui; de lui, qui alors se leva.

— « Hé bien! Napoléon, dit-il, voici que par trois fois tu as vengé la France de l'arrogance autrichienne; je t'en sais gré, et assez pour, sans trop de colère, te voir là, chez nous; et puis d'ailleurs ce ne sera pas pour long-temps.

— « Qui êtes-vous? demanda l'empereur avec une fermeté rare; que me voulez-vous?

— « Qui je suis maintenant? Rien en ma partie mortelle, un peu de cendre peut-être, des ossemens que le ver du sépulcre n'a pas encore dévorés; ce qu'un jour tu seras lorsque tu auras accompli ta tâche. Ce que je te veux... De temps en temps, j'aime à revoir ce lieu où je fus le premier à faire montre de magnificence, où j'amenai le célèbre Léonard, où j'écoutai le spirituel Cellini. Aujourd'hui cette fantaisie m'a pris : je suis venu, tu t'es trouvé sur ma route, et j'ai eu l'envie de te dire un un mot. Écoute-moi :

« Que vas-tu faire?... tu rêves l'impossible... la perpétuité de ta race : cela n'aura pas lieu. Tu seras le premier et le dernier de ton nom; cependant tu rêves un second mariage... il sera fécond. Ton fils en naissant portera une couronne, mais celle de l'empire ne pèsera jamais sur son front... Tu veux épouser une Autrichienne; y songes-tu?.. Ce sera une ennemie que tu admettras dans ta couche; une autre Médée qui incendiera ta maison, qui te perdra, toi, les tiens et ton fils. Que l'hymen de Louis XVI te serve de règle : une Autrichienne vertueuse le perdit. Les désastres de son mariage lui furent envoyés en avertissement du passé ; il ne voulut pas y lire : tu sais son histoire. Si tu vas plus avant, si tu renonces à ta bonne fortune, peut-être que Dieu daignera aussi t'envoyer un signe de mauvais augure ; tâche d'en profiter. Chaque fois que le sang humain coule avec abondance aux solennités nuptiales d'un grand, c'est une preuve que Dieu l'abandonne. Prends-y garde, Bonaparte, ta coupe est presque remplie ; quelques gouttes encore, et elle débordera de tous points.

— « Je sais, repartit Napoléon, que votre famille n'aima jamais la race de Hapsbourg ; mais celle d'Autrichie actuelle lui est à peu près étrangère, car elle est d'origine française, celle-ci.

— « Soit ; mais leur souche est commune ; les rameaux de Lorraine et de Suisse sortirent du même tronc, ils se sont rejoints lors du mariage de la reine de Hongrie avec le grand duc de Toscane.

— « Ainsi, vous me conseilleriez de prendre ma femme dans une cour d'Allemagne?

—«Que Dieu te préserve de cette fatale idée, et que jamais, par toi, une luthérienne s'asseye sur le trône de saint Louis! cette alliance impie ferait sortir de leurs tombes les Montmorency, les Duguesclin, les Bayard, les Condé, les Turenne et la grande héroïne surtout. Tu croirais faire un acte habile de tolérance, tu raviverais le fanatisme, les haines religieuses; tu effraierais la susceptibilité catholique; tu réveillerais le prosélytisme des sectaires de Calvin, et nos ombres royales s'affligeraient de cette profanation..... Tu m'as entendu? profite.

« Et l'ombre, car c'en était une, disparut, et Napoléon, tressaillant, se pendit à toutes les sonnettes. Roustan, ses valets de chambre, ses gardes accoururent; on le vit pâle; il se plaignit de la faim et demanda à souper. Ceci parut si étrange, que l'on s'en alarma, et que le médecin de quartier ayant été éveillé, présenta son visage à la porte entrebaillée.

« Napoléon le congédia... Peu après il raconta ceci au duc de Vicence, qui en accusa le somméil.

— « Oh! je veillais, dit Napoléon; et pensez-vous, Caulaincourt, que je ne vaille pas la peine que les morts se dérangent de leur cercueil pour venir me conseiller ?.... »

— « En vérité, dis-je au comte S... lorsqu'il eut achevé, maintenant que l'on parle de marier le duc de Chartres ou d'Orléans avec une princesse allemande, cette vision aurait de l'intérêt.

— « Et vous croyez à un pareil mariage? repartit le comte; il est impossible. Le jeune prince est trop grand seigneur pour prendre femme en petit lieu; il choisira sans doute parmi les cours catholiques, et toutes ont de l'importance. »

Je ne sais pourquoi je m'avisai de rememorer la fable de La Fontaine, le héron elle m'égaya. Je la récitai au palatin, il ne voulut jamais croire que nous serions contraints d'accepter le limaçon.

— « Savez-vous, me dit-il, et ceci je le tiens de source primitive, que la dernière guerre de Russie, que la haine furieuse vouée à Napoléon par S. M. Alexandre, provient du refus qui fut fait à celui-ci de la princesse grande-duchesse, sa sœur; il l'avait fait offrir au souverain français qui, ayant d'abord presque accepté, fut tourné vers l'alliance autrichienne par M. de Talleyrand, qui déjà manœuvrait pour le perdre. « Je vois, disait-il un jour à M. de Montrond, des avantages incalculables à ce que notre homme s'affuble d'une jument autrichienne. D'abord, cela le brouillera pour la vie avec les autocrates du Nord, puis il se confiera en son beau-père, en sa femme, et l'un et l'autre le tromperont. Cet hymen inquiètera l'Allemagne au point qu'elle ne verra son salut que dans une guerre furieuse. L'Angleterre appréciera tout le mal que lui occasionerait une telle alliance; elle empêchera d'ailleurs que Napoléon ne reconstruise la Pologne complète; et, tant qu'une seule province fera faute à celle-ci, sa prétendue régénération, au lieu de servir, nuira. »

J'avoue que je demeurai à mon tour étrangement étonné de ce pronostic, et encore plus surpris de la confiance insensée de Bonaparte. Je tiens du comte Daru que, lors de l'expédition de Russie, il osa demander à l'empereur s'il était certain de son beau-père.

— « Autant que de moi-même, répondit-il.

— « Hé bien, Sire, dès lors, je conseille à l'empereur de prendre des mesures telles que la France pût sortir victorieuse de la lutte qui va commencer, lors même que votre majesté passerait à l'ennemi.

— « Oh! répliqua Napoléon, vous êtes du nombre de ces injustes qui ne voulez accorder à la maison d'Autriche aucune bonne foi. Mon beau-père m'a fait part de toutes les belles paroles qu'on lui a adressées, je sais les réponses; soyez assuré qu'il ne me quittera pas. »

Ce fut avec cette confiance complète et fatale que Napoléon s'en alla tenter la fortune dans le Nord. Son beau-père, si franc d'ailleurs, ne lui avait pas fait connaître que, dès le mois d'avril 1811, peu de semaines après la naissance du roi de Rome, lui, François Ier, avait signé un traité d'alliance offensive et défensive avec notre cour; la preuve peut en être donnée aux incrédules, car l'original existe aux archives impériales de Saint-Pétersbourg.

Le comte de S..... me demanda si je ne chercherais pas à voir le comte de Saint-Germain.

— « Je l'attendrai, répondis-je, on est toujours à temps de se laisser duper. »

Ce même soir, Gustave étant seul dans la chambre, je lui demandai si son voisin continuait le même manége; il me répondit affirmativement.

— « En vérité, ajoutai-je, il m'est pénible de me savoir un rival aimé.

— « Ah! prince, j'avais donc deviné juste: vous aimiez.

— « Oui, mon ami. Mademoiselle de S.....

me paraît charmante; peut-être me serais-je annoncé publiquement son serviteur, si la vérité ne m'eût été connue; maintenant j'hésite, je ne me déclarerai même que si je parviens à l'emporter sur un amant à qui elle ne peut parler que rarement.

— « Dites jamais, Monseigneur; au moins depuis qu'elle est dans cette maison, car on ne peut répondre d'ailleurs.

— « Mais, mons Gustave, ripostai-je, vous voilà bien instruit des rapports du monsieur français avec la fille polonaise. »

Comme je l'examinais avec attention, je le vis rougir, se troubler; il pâlit ensuite.

— « Qu'avez-vous, Gustave? est-ce que par hasard vous joueriez en ceci un rôle plus important que je ne l'imaginerais? »

Il parut se recueillir un instant; puis, ramenant la sérénité sur sa belle figure :

— « En vérité, se mit-il à dire, je ne vois pas pourquoi je manquerais de franchise envers un maître qui m'a reçu sur ma bonne mine, et qui continue à me traiter avec tant de bonté.

— « Hé bien! qu'y a-t-il? Soyez franc, je vous pardonnerai si vous êtes coupable; je vous récompenserai si vous êtes exempt de tort.

— « Monseigneur, le jour même où votre altesse a bien voulu me prendre avec elle, au moment où j'entrais dans ma chambre pour me coucher, je fus accosté dans le haut corridor par un monsieur de bonne mine, très-bien habillé, qui sollicitait une entrevue de votre humble serviteur; je l'autorisai de me suivre dans mon trou. Là, s'asseyant sur mon lit, il me proposa de le seconder dans ses amours avec mademoiselle de S..... Je n'aperçus en ceci aucun obstacle; il exigeait peu de chose, savoir: que je veillerais autant qu'il me serait possible à ce qu'on ne le surprît, ni sa belle non plus, aux heures où ils faisaient l'amour en perspect ve. J'acceptai d'autant plus facilement, que rien ne me faisait croire que vous y portassiez un vif intérêt. Cependant, ayant saisi à la volée certains de vos propos, je n'ai pas tardé à reconnaître dans quelle faute je m'étais précipité. En conséquence, ce matin, et sans retard aucun, je me suis déterminé à passer dans le bouge qu'habite, entre les deux soleils, le monsieur qui n'avait pas encore voulu me répéter son nom; je lui ai dit, sans lui vendre votre secret, que des motifs de haute convenance m'interdisaient de servir deux maîtres à la fois; que, content d'être à vous, je ne passerais à autrui ni pour or ni pour argent.

«Vous devez présumer, Monseigneur, comment mon propos a été reçu : il n'est pas convenable que j'entre dans d'autres détails. Ce personnage, me voulant à lui, a cherché par mille moyens à ce que je lui revinsse; il n'y a rien gagné, et, grace à Dieu, notre séparation a eu lieu pour toujours.»

Charmé du développement de tels sentimens dans le cœur de mon domestique, je louai Gustave de sa conduite; je lui en fis entrevoir la récompense, l'estimant assez pour ne pas joindre l'effet aux paroles; lui, de son côté, me comprit... Alors, et en amant vrai, je m'abandonnai au doux plaisir de parler de ma belle victorieuse, à lui peindre mon amour, dont il n'avait que faire, et à lui demander des conseils, qu'il me dénia, prétendant que je me moquais de lui, et que je n'avais pas besoin de recourir à son expérience pour l'avancement de mes affaires.

En vérité, j'avais trouvé un trésor dans cet honnête garçon; je lui répétai cent fois combien je serais heureux d'évincer le Français; et je ne me fâchai pas de la réponse négative, au désir que je lui témoignai qu'il se mît en campagne pour savoir de quel rival je devais me garder. Gustave m'objecta sa délicatesse: que naguère il avait été trop tôt à ses gages pour ainsi dire, ce qui donnerait l'apparence de trahison à toute démarche contraire.

XII.

Suite des Mémoires du valet de chambre de Louis XIV. — Ce grand monarque se perd à la chasse. — Réception qui lui est faite au château du duc de... — La morte vivante. — Dénouement royal.

Pour varier mes récits, et afin de me rejeter en dehors de cet âge qui, en France, est loin aujourd'hui de satisfaire des cœurs monarchiques, je transcrirai un autre épisode du précieux manuscrit dont je vous ai parlé, et composé par le valet de chambre de

Louis XIV : c'est le récit d'une aventure arrivée à ce prince célèbre, et d'après laquelle, sans doute, on a fait des copies nombreuses, toujours en dénaturant le sujet principal, et en appauvrissant son effet. Le voici textuellement, tel que mon auteur le raconte :

Dans une de ces brillantes chasses au cerf, si pompeuses, si animées, où le gibier, déployant l'incroyable vélocité de sa course, échappait parfois aux chasseurs, Louis XIV, jeune encore, et emporté par son ardeur véhémente, s'écarta du gros de ses courtisans ; le cerf fuyait dans le lointain ; les chiens, en défaut, les piqueurs, trompés par les crochets habiles de la bête, donnaient à droite lorsqu'elle détalait à gauche. Le roi, dis-je, de la cime d'une haute colline dominant sur la plaine, avait vu le manége de l'animal rusé, et, persuadé que les signaux que lui faisait, étaient aperçus, il partit, donnant la main à son cheval, qui l'entraîna au beau milieu de la forêt de Compiègne.

Le soir s'avançait, et le roi s'était égaré ;

des nuages épais couvraient le ciel, la pluie advint. Le roi, embarrassé, débouche dans une clairière : un château voisin frappe ses yeux, tout illuminé, comme s'il eût été le théâtre d'une fête. Il pousse de ce côté, boutonne son justeaucorps : ce n'était pas encore celui à brevet [1]; cache par dessous son Saint-Esprit; et, à part sa belle et fière mine, qu'il ne peut déguiser, et la beauté de sa monture, rien ne laisse deviner que c'est là le roi puissant de France.

Cependant, à chaque minute, l'orage grossissait; la nue crevée laissait tomber des torrens d'eau.

Au bruit que faisait le superbe coursier, impatient des soins qu'il savait qu'on lui prodiguait à sa rentrée, plusieurs laquais accoururent comme le souverain atteignait le perron. Les uns s'emparèrent de sa monture, en lui

[1] Louis XIV avait donné des justeaucorps bleus et rouges, galonnés d'or et d'argent et taillés d'une certaine manière, à divers seigneurs de sa cour. Un brevet accordait cette faveur, assez ménagée et fort poursuivie.

prodiguant les éloges qu'elle méritait tant; les autres, s'adressant à l'élégant cavalier, le firent entrer dans un vestibule échauffé par le double feu de deux cheminées énormes, et lui demandèrent sous quel nom on l'annoncerait au seigneur du logis, qui avait déjà avec lui, ajouta-t-on, une très-nombreuse compagnie. Louis XIV, peu curieux d'apparaître inopinément au milieu d'un cercle où sa présence jetterait de l'embarras, dit qu'avant tout, et en raison de sa fatigue extrême, et du mauvais temps essuyé, la pluie ayant commencé à le mouiller, il voudrait être conduit en un appartement particulier.

Une telle manifestation de volonté eût peut-être surpris en tout autre; mais son grand air, cette majesté qu'il possède si bien, et dont il ne se sépare jamais, commandent en cet instant l'obéissance absolue. On prend des flambeaux, et on le conduit respectueusement dans une chambre écartée, non sans doute convenable à la grandeur d'un tel hôte, mais fort décente et passablement meublée. On allume le bois déjà placé dans l'âtre, et un feu clair et rapide prête son secours au monarque fatigué.

Le roi a eu le loisir, dans le trajet qu'il a dû faire à travers le château, pour arriver à cette salle, d'apprendre au valet que, simple officier de la vénerie royale dont il porte l'uniforme, il s'est égaré tantôt à la chasse de sa Majesté. Cet aveu est cause que, dès lors, on le traite avec moins de cérémonie; car, auparavant, on l'avait pris pour un ami intime de M. le duc de....... (*le nom est en blanc dans le manuscrit*), qui, ce même soir, fête le mariage de sa seconde fille, beauté célèbre, avec un parti immensément riche, et trop heureux qu'on veuille lui donner une demoiselle de si noble maison. Le château, à cause de cette cérémonie, est ouvert aux parens illustres du duc, à ses amis, à ses voisins de terre, et c'est la quantité de seigneurs que l'on a à loger qui ne permettra pas de donner, à l'étranger auquel on parle, un meilleur logement que celui où on l'a conduit d'abord.

Le roi n'aimait pas M. le duc de .... auquel il n'avait pas encore pardonné sa conduite pendant les querelles de la Fronde; et d'ailleurs notre auguste monarque, s'il a toléré les mariages d'argent de sa haute noblesse, n'a pu jamais estimer ceux qui prenaient cette voie avilissante de relever leur maison, de sorte que le rappel à sa mémoire de l'hymen de mademoiselle de..... avec un homme de peu, ne le raccommoda pas avec celui auquel il gardait une rancune secrète. Aussi, ne prenant pas beaucoup de soin pour dissimuler son humeur, et déjà, peut-être, oubliant son incognito, il dit au domestique, d'un ton sec :

— « Ah! votre maître est le duc de....? j'en ai entendu parler, et de sa mère aussi.

— « Il y a tant de bavards, de lanterniers et de faiseurs de contes, repartit vivement et avec aigreur le valet.

— « Force gens, poursuivit le roi, s'étonnent de la mort prompte de cette dame, si riche et si vénérable.

— « Nul ne peut empêcher les jaloux et

les méchans de mentir, dit l'interlocuteur, avec encore plus de mécontentement. Monsieur, continua-t-il, si vous êtes venu chercher un abri chez mon maître, ce ne sera pas, je présume, pour le discréditer dans sa propre maison. »

Un regard, pareil à la foudre par sa vivacité et son énergie, coupa la parole au domestique arrogant, qui, fâché d'avoir introduit et installé dans le château un homme ennemi peut-être du duc, abrégea son service, mit tout en ordre rapidement, et partit, non sans grommeler, en s'éloignant, des paroles de colère que le roi n'entendit pas, mais dont il put deviner le motif.

Ce colloque dangereux n'avait pas été tenu entre sa majesté et le valet uniquement; un auditeur, étranger à la conversation, en avait ouï toutes les parties : c'était un bon vieillard, tel qu'on en rencontre dans les grandes maisons. Ils y sont nés, et en épousent les intérêts comme les leurs propres. Celui-là, en effet, amené dans la famille du duc dès son enfance, y avait vécu et comptait y mourir; il remplissait depuis long-temps, et à la satisfaction de ses supérieurs, le rôle important de maître-d'hôtel en second.

Un peu avant que sa majesté eût parlé, lui était arrivé, portant le linge nécessaire à la table et au lit, celui-là même de corps employé dans la nuit, selon l'usage de cette époque hospitalière : c'étaient deux chemises de belle toile, deux bonnets de coton, n'en déplaise à la mode actuelle, des rubans pour les attacher, deux mouchoirs de nez, un manteau de lit et des caleçons avec des pantoufles. Puis l'honnête vieillard dressa la table du souper, et, après avoir examiné attentivement l'hôte auguste, autant que la réserve le permettait, il s'en alla à son tour, en levant les mains et les yeux au ciel, et en se livrant à des pensées que, certes, il n'aurait pas voulu faire connaître des autres commensaux de cette fastueuse maison. Lui n'avait témoigné aucune improbation des paroles royales, et qui l'eût observé aurait peut-être reconnu qu'elles ne lui déplaisaient pas.

Cependant, l'autre domestique, aigri envers l'étranger, auquel il pardonnait moins ses propos que son regard hautain, s'était rendu auprès du duc, et lui avait appris qu'un simple officier de la vénerie de sa Majesté s'était, ce soir-là, égaré à la chasse royale, s'en était venu, au milieu de la fête, demander à coucher. Le duc, entièrement occupé du soin de faire les honneurs de son salon à la compagnie nombreuse et brillante qu'il y avait réunie, ne crut pas devoir montrer un vif empressement à l'encontre de si mince compagnon, à ce qu'il croyait; il se contenta, selon qu'il était aussi d'usage, de recommander qu'on le complimentât en son nom, qu'on l'excusât sur ses devoirs, s'il ne venait de sa personne; qu'on servît honorablement cet étranger. Il ajouta de ne faire faute à l'inviter à la messe nuptiale qui serait célébrée cette même nuit; puis, cessant de s'occuper de cet hôte de hasard, il revint à ceux qui l'étaient de son choix, et auxquels il ne daigna pas faire part de ce léger incident, non plus qu'à ceux de sa famille. Je dois ajouter que le valet, en homme prudent, n'avait pas osé rapporter à son maître les paroles ambiguës de cet officier des chasses.

Mais si le duc de..... manquait aux devoirs de la civilité, le roi, de son côté, s'attendait à le voir paraître de moment en moment, et, comme il ne le vit pas venir, cette absence prolongée augmenta le mécontentement que déjà il ressentait, d'un double motif, et que grossit au plus haut point cette impolitesse inusitée.

Cette mauvaise humeur que Louis XIV gardait pour soi ne l'empêcha pas de faire honneur à un souper excellent, qui lui fut servi peu après dans sa chambre, auprès de son feu. L'appétit solide de Sa Majesté a toujours fait l'admiration et la joie de ses fidèles serviteurs.

Un incident étonna les valets, que le second maître-d'hôtel chargea de servir l'étranger : ce fut que l'on vît paraître sur sa table les plats et les assiettes de vermeil du duc, et les pièces de son argenterie les plus riches. On ne concevait pas d'où provenait tant de pompe et de cérémonie à l'égard d'un individu qui, bien qu'attaché au service du roi, n'était qu'un des derniers serviteurs de sa maison royale. Là-dessus s'établirent force chuchotemens : on s'entre-demandait en ricanant si M. Ménard (le second maître-d'hôtel), ne prouvait pas le déménagement de sa raison, par la solennité d'un service réservé uniquement pour les ducs et pairs, les égaux du maître; plusieurs s'indignaient que de si hautes pièces passassent devant un si petit officier.

Ces choses se disaient à l'entour de M. Ménard, assez haut parfois pour qu'il pût en entendre une partie; mais lui, grave et de plus en plus enté dans les sommités de l'étiquette, ayant la serviette sur l'épaule et la brette au côté [1], prenait les plats couverts des mains des valets de pied, les posait, les découvrait, les présentait, en faisait l'essai, comme il le

[1] Le privilége des grandes maisons, et exclusif, accordait le droit de porter l'épée à leurs secrétaires, maîtres-d'hôtel, officier de vénerie et d'office, sommelier, et même à leurs premiers valets de chambre.

fit également des vins qu'il versait dans un somptueux hanap d'agathe, enrichi d'émail du seizième siècle et de pierres précieuses, dans lequel le seul duc de .... buvait, et encore aux journées de haute festivité.

Ceci occasiona presque une révolte : le domestique qui le premier avait reçu le roi s'indigna d'une telle profanation ; et, sans s'inquiéter des suites, saisissait le hanap pour l'emporter, lorsque M. Ménard lui prenant le bras :

—« Malheureux ! dit-il, qui, désormais, osera boire dans cette coupe, après la consécration qu'elle va recevoir ?

— « Eh ! monsieur le maître d'hôtel, quand ce serait Dieu le père en personne, vous ne devriez pire ; songez bien que Monseigneur sera fâché...

— « Eh bien, Champagne, va te plaindre à lui ; ma justification ne m'occupera guère. »

Le souper fini, le maître-d'hôtel présenta la serviette ; le roi se lava les mains comme aux banquets du Louvre. On desservit, on enleva la table; les domestiques partirent. M. Ménard, seul demeuré, examina s'il était vu ou entendu, et, quand il se fut assuré que nul indiscret ne l'écoutait, il vint à Louis XIV, et se prosternant :

— « Sire, dit-il, permettez à l'un des anciens serviteurs de cette maison, d'abord, de rendre son hommage au roi, et puis oserai-je lui demander s'il aurait pour agréable de rendre prompte et bonne justice à une personne bien malheureuse et bien ignorée.

— « Mon ami, répliqua fièrement le monarque, ce que tu réclames est un devoir pour moi. Est-ce toi qui te plains?

— « Je ne sais que peu de chose dans cette affaire, mais elle est bien majeure, et je crains....

— « Tu connais le roi, et tu sembles douter qu'il soit juste : c'est lui manquer. Allons, explique-toi.

— « Ici, je ne le peux; mais, si Sa Majesté veut me suivre, elle verra dans un cachot une créature bien infortunée.

— « Marche! s'écria Louis XIV, j'en sais assez maintenant pour te suivre aux enfers.... Un de mes sujets en charte privée peut-être... Ah! Monsieur le duc, nous verrons si le vieux levain de la Ligue et de la Fronde peut encore fermenter!

M. Ménard, prenant de la main gauche deux chandeliers à deux branches, ouvre une porte secrète, et passe devant pour éclairer et conduire le roi. On traverse plusieurs salles et des corridors; on parvient à une porte de fer, que le maître-d'hôtel pousse à l'aide d'un ressort; elle rentre dans la muraille. Là est un escalier; il faut descendre quatre-vingt dix-huit marches; on atteint un souterrain où plusieurs routes s'entrelacent: une est suivie; enfin le conducteur s'arrête devant un mur de rochers. Ici, se remettant à genoux, il sollicite sa grace; car, dit-il, pour empêcher un plus grand crime, il a consenti à être le geolier de l'être déplorable qui languit si proche. Louis l'écoute avec gravité et attention.

— « Monsieur, dit-il, ceci est un commencement de repentir, et si on ne se plaint pas de vous là derrière, je vous engage ma royale parole que vous serez excusé.

— « Ah! je suis sauvé, s'écrie le geolier. »

Aussitôt il frappe du creux de la main une certaine asperité de l'énorme masse de pierre qui les arrête, et celle-là tout à coup tourne et pousse un pivot : il y a là un cachot étendu propre, garni de meubles; une lampe l'éclaire de sa triste lumière. A sa clarté, le roi voit une femme âgée, vêtue de velours noir qui est agenouillée devant un prie-dieu ; elle au bruit inusité qu'elle entend, se retourne et sa physionomie exprime son étonnement de voir autre personne que son gardien. Celui-ci prenant alors la parole :

— « Madame, dit-il, voilà le roi, sa majesté Louis XIV, et vous, Sire, voici madame la duchesse douairière de ....., dont la mort inspira tant de soupçon, ainsi que naguère je vous l'ai entendu dire. »

La duchesse douairière, à ces mots, se précipita aux genoux de son souverain, en de mandant miséricorde pour son indigne fils, qui, depuis douze ans, la retenait en un lieu pareil. Son avidité était la cause unique de son crime exécrable.

— « Eh ! Madame, que me demandez-vous ? repartit Sa Majesté. Quoi ! je souffrirais un tel attentat ; des considérations humaines me retiendraient ?.... »

La sainte dame, recommençant ses prières, les fit si véhémentes, que le roi, vaincu, céda sur le principal, et non sur les accessoires. Quittant ces lieux lugubres avec précipitation, il amena la duchesse dans sa chambre ; et là, ne voulant pas que le maître-d'hôtel la quittât, il appela lui-même de sa voix tonnante quelques valets. Ce fut celui qui l'avait introduit qui, l'ayant ouï, se présenta le premier, et, avec arrogance, lui demanda ce qu'il voulait ; que l'on allait à la chapelle pour la cérémonie du mariage, et qu'on n'avait pas le loisir d'obéir à ses fantaisies.

— « Drôle, dit Louis XIV, va dire sur-le-champ à ton maître qu'au nom du roi je lui enjoins de venir me parler.»

Le valet insolent se mit à ricaner, et partit en éclatant de rire. Cependant, en s'en allant, l'air mystérieux de l'inconnu lui revint; il se rappela les portraits du roi, les pièces de monnaie qui portaient cette imposante figure, et une sorte de frayeur passant dans son ame, sans qu'il s'en rendît trop compte, il se détermina à s'acquitter de la commission. Le cortége était en marche : le duc donnait la main à sa fille; le valet n'osa pas l'aborder dans ce moment, il le suivit à la chapelle, espérant, dans la confusion du placement des convives, trouver le moment opportun pour faire part de ses conjectures à son maître : ce délai gâta tout.

Le roi, peu accoutumé à la patience, et lassé d'attendre, laissa la duchesse douairière dans la chambre, et, précédé par le vieux et tremblant officier, qui le conduisait dans les détours du vaste édifice, arriva cependant dans la chapelle collégiale, seigneuriale et paroissiale, car elle réunissait ces trois titres, au moment précis où l'assistance prenait place. Le lieu saint était décoré de tentures d'étoffes de soie; les lustres, les candélabres y faisaient ruisseler la lumière étincelante sur les riches parures des dames venues à la cérémonie.

D'une autre part, l'arrogant laquais qui avait fait à Louis XIV une si mauvaise réception, reconnaissant l'étranger qui lui inspirait de la malveillance, osait venir à lui pour l'empêcher de s'avancer. Mais qu'éprouva-t-il, ainsi que le duc et le reste de la compagnie, quand la voix du maître-d'hôtel, s'élevant et tonnant comme un éclat de foudre, cria lentement : LE ROI, *messieurs*, LE ROI!

A ce nom auguste, ainsi jeté, chacun se retourna, le maître du château, ainsi que les autres. Est-ce une plaisanterie?... Non, non... c'est la réalité, c'est lui en personne.... c'est le roi.... ce grand monarque, si cher, si sacré. On s'exclame, on tombe à genoux [1], et des

[1] C'était alors l'usage : nul ne se croyait déshonoré en s'agenouillant devant le roi, délégué de Dieu et père du

vivats retentissent. La noce est oubliée; le duc accourt auprès de Sa Majesté, se félicitant du bonheur qui lui survient, et dont il devine la cause.

— « Ah! Sire, dit-il, quel honneur, mon château est à vous.

— « Votre château, repart sévèrement le roi, je croyais qu'il appartenait à madame la duchesse votre mère.

— « Ma mère! répéta le duc, qui passait d'une joie réelle à une terreur facile à concevoir.

— « Allez, Monsieur, vous prosterner devant elle; cette noble dame arrive à l'heure même du couvent où une piété bien respectable l'avait portée à chercher une retraite. Sa volonté changeant, vous n'avez plus besoin de feindre sa mort; son retour vous délie de tout embarras à ce sujet. »

peuple; aujourd'hui qu'il n'est plus qu'un délégué, que le premier des fonctionnaires, depuis qu'il ne règne que par la volonté du peuple, il est vrai qu'on ne lui doit plus cette marque de haut respect.

En écoutant ces paroles bienveillantes, mais écrasantes tout à la fois, le duc s'anéantit; il n'y a pas de sang dans ses veines qui ne soit à moitié glacé : la consternation, l'avarice, le désespoir, l'ambition trompée, se peignent sur son visage, au milieu d'une pâleur mortelle; ses yeux se ferment, et il va tomber si on ne le soutient, car il a perdu l'usage de ses sens.

Cependant la nouvelle de la sorte de résurrection de sa mère a circulé très-rapidement. Les deux frères de cette noble dame, le marquis de ..... et l'évêque de ....., ne sachant trop ce que cela signifie, et qui assistaient au mariage de leur nièce, sont des premiers à courir vers leur sœur. La joie de celle-ci, sa faiblesse, ne lui permettent pas de taire la vérité..... Indignation des parens; néanmoins il faut sauver l'honneur de la famille. Le prélat demande une audience soudaine au roi, et là, tant en son nom qu'en celui de la duchesse, du marquis de ..... et des autres parens, il conjure Louis XIV de ne pas éclater contre le fils coupable.

— « Monsieur, répliqua le grand monarque, le crime de votre neveu est abominable ; Dieu veut tant que nous vénérions nos proches, que son quatrième commandement, notre loi souveraine, est le seul qui, avec l'expression de la défense, porte la récompense avec soi. Oyez ! oyez ! Monsieur, les paroles divines :

Père et mère honoreras
Afin de vivre longuement.

Néanmoins, par égard pour la malheureuse victime, pour vous, pour les vôtres, je veux bien que le châtiment demeure renfermé entre les intéressés ; il n'en sera pas moins rude, si la perte totale de ma faveur est de quelque prix. »

Il ne fut pas possible de faire revenir cet auguste monarque de cette sage sévérité, et le duc, fils indigne, mourut encore privé des bontés du roi, qui, pour lui rendre cette peine beaucoup plus dure, voulut qu'au lieu d'aller en exil, il habitât perpétuellement à Versailles, où il fut long-temps question de la chasse du roi.

Louis XIV est encore mal jugé en France : là partie saine de la nation vénère ce grand monarque et lui voue le respect qui lui est dû. Au contraire, une autre partie, gangrenée de philosophisme, de républicanisme, de romantisme, a pris à tâche de couvrir de boue la mémoire de ce monarque, pour qui les étrangers ont une considération qui devrait les faire rougir.

XIII.

Le comte de Saint-Germain. — Reconnaissance. — Les bandits romains. — Le chalet suisse. — L'or et l'opinion, anecdote du Thaumaturge. — L'avalanche détachée par la justice de Dieu.

J'avais mal dormi, j'étais inquiet d'ailleurs. Un amour mécontent n'est jamais tranquille. En ce moment on frappa à la porte de mon salon, j'étais seul, mon moujik faisait ma chambre, Gustave était rentré dans la sienne, mes autres laquais couraient çà et là. Je dis ceci pour expliquer ma solitude. On heurtait donc.... Entrez! dis-je. La porte s'ouvrit, le comte de Saint-Germain parut.

A sa vue, un cri m'échappa... Quatre ans auparavant, et à Rome, je m'étais imaginé de chasser en amateur dans la morne campagne voisine, n'ayant pour toute escorte que mon pauvre moujik. La chaleur devenant étouffante, je gagnai un monceau de ruines antiques pour y chercher l'ombre, et je m'y vis en danger de mort. A quatre pas de moi, il y avait un homme dont la physionomie belle, ouverte, imposante, me prévint dès l'abord; il lisait tantôt, et puis dessinait. Nous nous étions salués en silence, lorsque tout à coup je vis arriver à bride-abattue une douzaine de ces brigands hardis qui ne craignent guère les sbires. Je compris le danger ; cependant j'appelai mon compatriote, lui ordonnai de se mettre en défense; et puis, élevant la voix et m'adressant à l'étranger, je lui demandai s'il ne se joindrait pas à moi pour vendre au moins chèrement notre vie.

— « Faisons mieux, dit-il en me menant par la main, sauvons-la. »

Il m'entraîna, et le moujik nous suivit; il tourna les ruines, étendit sur la porte une traînée de poudre blanche, qu'il alluma. Les voleurs arrivaient; je les entendais, il nous criaient que l'espoir de leur échapper était vain. La fumée produite par la poudre s'éleva bientôt; elle boucha l'ouverture de notre asile. Je continuai à ouïr pendant plus d'une heure les imprécations de ces misérables, qui s'entre-demandaient ce que nous étions devenus. Lassés de ne pas nous découvrir, et eux-mêmes aperçus par un détachement de carabiniers du pape faisant une grande patrouille, ils s'évadèrent précipitamment.

Le péril passé, mon compagnon souffla sur la vapeur, qui s'évapora soudainement. La nécessité de ne pas nous faire entendre avait contenu ma surprise; mais, libre d'un tel souci, je m'exclamai....

— « Vous voyez, me fut-il dit, un des plus curieux produits de la chimie; nous en reparlerons à notre première rencontre. Voici les soldats, croyez-moi, rentrez avec eux à Rome; je ne m'en irai d'ici qu'au coucher du soleil.

— « Mais votre nom, votre adresse, car je vous dois de la reconnaissance.

— « Hermann, de Dresde, *via del babuino.*

Il me salua; je vis que je le gênais, je partis. Le lendemain, j'explorai cedit quartier, je ne laissai pas une seule porte séparée sans y étendre mes recherches, et je dus sortir de Rome sans avoir rencontré mon libérateur.... C'était lui que je voyais à Paris, et qui, en m'abordant sans me reconnaître, se nomma le comte de Saint-Germain.

— « Avez-vous, lui dis-je tout joyeux, oublié la campagne de Rome, des brigands, et une ruine antique?

— « Ah! Monsieur, répondit-il, je suis charmé de vous revoir.

— « Ce n'était pas votre pensée à la ville éternelle.

— « Je voulais y vivre tranquille. Le sort de ce fripon de Cagliostro, mon ancien domestique, me faisait un devoir de me maintenir dans un strict incognito. Le besoin de sauver ma vie, en mettant à couvert la vôtre et celle de votre valet, m'avait contraint à faire usage d'un moyen assez ingénieux; si je me fusse alors fait connaître à vous, vous en eussiez fait tapage; le bruit ne me convenait pas; je vous trompai de nom, de demeure, et ma tranquillité ne fut pas troublée.

— « Vous ne me saviez donc pas ici ?

— « Non, j'aurais dû être frappé de votre nom que m'a répété plusieurs fois le comte S.., Mais vous êtes en Russie tant de G....., que je me suis perdu dans le nombre; ce n'était qu'en simple voisin que je venais à vous.

— « Parbleu, M. le comte, dis-je, dans votre famille, il paraît que les fils ont une singulière ressemblance avec les pères, car le Saint-Germain que la comtesse de Gergy fit à Venise en 1700 était, selon toute apparence, votre bisaïeul; votre aïeul aura eu l'honneur de l'intimité de Louis XV; c'est son fils qui s'intéressait à Marie-Antoinette, et que madame d'Adhémar a connu; enfin, c'est le descendant de cette race d'hommes aimables, érudits, que jai eu le bonheur de rencontrer à Rome, et que j'ai le plaisir bien vif de retrouver maintenant à Paris.»

Le comte se mit à rire.

— « Voilà, dit-il, la première fois où l'on a cherché à donner une explication naturelle à ce qui prête tant au merveilleux. On voit bien, prince, que vous n'êtes pas Français; car, plutôt que de me donner une généalogie matérielle, vous eussiez préféré me demander en confidence si je ne serais pas le grand-prêtre Melchisédech, moins sa longue barbe et sa tunique traînante. Quoi qu'il en soit, que je sois né il y a quarante ou vingt siècles plus tard, mes visites vous déplairaient-elles?

— « Mon libérateur, dis-je, me tenir un tel langage, exprimer ce doute! ah! Monsieur, c'est m'offenser.

— « Bon! vous êtes reconnaissant; hé bien!

j'accepte cette récompense, on me l'a offerte rarement; plus d'une fois en a voulu m'arracher la vie pour un bienfait... Un soir, poursuivit ce personnage singulier, je m'étais attardé dans les montagnes de la Suisse; le soleil venait de se coucher en des nuées menaçantes, un vent aigu soufflait; je jetai au loin mes regards : ils s'arrêtèrent sur un chalet de modeste apparence. Je passerai là une portion de la nuit, me dis-je, et je m'acheminai vers le rustique manoir. La famille qui l'habitait se composait du grand-père, soldat de Fontenoy et du dix août (c'était en 1795); du père, homme dans la force de l'âge, de son frère, sorte de géant, chenapant privilégié qui avait déserté du service de tous les souverains de l'Europe; de trois fils et de deux filles, et d'une bru.

« Contre les formes de la nature, dans cette agreste contrée, tout ce monde, *peu ou prou*, était d'une laideur remarquable, moins le plus jeune des fils, espèce d'ange égaré parmi cette foule de démons; Willems était le type du beau Ganimède, du jeune Bacchus antique, et ses traits ravissans annonçaient une ame simple et pure; il est rare qu'une belle enveloppe ne recouvre pas un cœur à l'avenant; et presque toujours où les vices règnent, la physionomie est marquée de la laideur. Les jeunes filles, la jeune femme, avaient leur part de ces traits disgracieux.

« J'ai fait de telles expériences sur le rapport du moral et du physique, je me suis trompé si rarement, que j'eus du regret d'avoir choisi cette maison pour y reposer ma tête; mais le mal était fait : l'orage se développa, s'accrut bientôt d'une telle intensité, que les cataractes du ciel s'ouvrirent; il en tomba des torrens; la neige vint ensuite, et je ne pus plus sortir pendant un mois entier.

« Il m'est impossible de rester immobile et de rêver paresseusement; mon activité a besoin d'être perpétuellement excitée. Aussi, lorsque je vis l'impossibilité de regagner la plaine avant le retour des beaux jours, je me mis à chercher des travaux. Le hasard, qui, en Suisse, n'est pas aussi merveilleux qu'on peut le croire en ceci, le hasard, dis-je, me fit mettre la main sur des matras, des creusets, des alambics, qui se trouvaient là, soit, les uns, pour la distillation de l'eau-de-vie, soit, les autres, pour essayer une mine voisine. Le père, chef de la maison, avait travaillé chez un apothicaire et en avait rapporté des notions de chimie. Aussi, me voyant travailler, il y prit intérêt.

« Moi, comme sont tous ceux qui savent, je me laissai prendre au plaisir de parler de ma science favorite avec un homme à demi en état de me concevoir ; je lui dis des choses que j'aurais dû lui taire, et, un jour qu'il avait été chercher à la mine voisine du minerai de cuivre pour que je le purifiasse, la fantaisie me vint de me divertir. Voulant d'ailleurs récompenser l'hospitalité jusqu'alors généreuse qui m'était accordée, lorsque le métal fut en fusion, je jetai dessus une pincée d'une certaine poudre que j'avais sur moi : j'opérai la transmutation selon les règles de l'art divin.

« Un peu de temps après, j'appelai le Suisse et lui dis de retirer les lingots, de les faire refroidir en les faisant passer par l'eau, et puis de les essayer, afin de savoir le titre du cuivre. Cet homme fit ce que je lui disais. J'étais là à l'observer; je le vis pâlir, rougir, se mordre les lèvres, suspendre son opération, réfléchir, puis la reprendre; et je riais en moi, car je le sentais venir.

« Lui, enfin, relevant la tête et me montrant un visage enflammé :

— « Monsieur, dit-il, ce n'est pas du cuivre, c'est de l'or, et de l'or le plus pur que j'aie jamais vu.

— « De l'or! m'écriai-je, de l'or! Allons, vous voulez rire. La mine, dites-vous, est de cuivre, et ce serait ceci de l'or?

— « Et du meilleur, Monsieur; je persiste à le dire.

— « Dans ce cas, je vous félicite, car le filon découvert vous rapportera des richesses incalculables.

— « Le filon, repartit-il en secouant la

tête, ne me fournira que ce qu'il renferme, du cuivre.

— « Où donc avez-vous pris cet échantillon? dis-je en touchant les lingots du bout de ma canne.

— « Dans la mine, où il n'y a que du cuivre.

— « Cependant, voici de l'or; comment serait-il venu, je vous le demande, si vous ne l'y aviez apporté?

— « Monsieur, c'est une question que je peux à mon tour vous adresser : c'est vous qui avez fait cet or et qui l'avez fait avec du cuivre. »

« Je me récriai, je cherchai à prouver l'invraisemblance de la chose; je badinai, je me fâchai : ce fut inutilement. Cet homme en savait assez pour me deviner. Un autre, à sa place, aurait été heureux : je lui avais payé mon hébergement par un cadeau d'au moins cent mille francs : c'était de quoi l'élever à côté du plus riche de la paroisse. Mais je venais d'éveiller une épouvantable cupidité. Je possédais le secret de la pierre philosophale, je savais transmuter les métaux; je pourrais enrichir par delà toute croyance celui à qui je communiquerais mon secret.

« Dès ce jour, cet homme s'attacha après moi avec un acharnement insupportable, me conjura de faire de lui un élève, mon adepte, ne me laissa pas respirer. Un refus constant, motivé sur mon ignorance, fut ma réponse invariable. Il vit qu'il ne me vaincrait point par la prière : dès lors il me laissa tranquille; mais il manœuvra autrement.

« Je le voyais sans cesse en conciliabule avec son père, ses fils aînés, puis sa bru, ensuite ses filles, enfin avec le beau Willems. Dès lors je devins le point de mire commun. Tous me regardaient, me suivaient pas à pas; je me sentais prisonnier, j'avais à craindre contre ma personne une tentative désespérée.

Cependant la nature, quoiqu'à l'approche de l'hiver, reprenait un peu de force. Le soleil fondit une portion des neiges; j'entrevis le moment où je pourrais partir. Mes hôtes le virent aussi, car leurs chuchotemens redoublèrent, et les regards qu'ils ne cessaient de lancer sur moi m'annonçaient assez le sort qu'ils me destinaient.

« Chaque fois que je sortais en dehors de l'enceinte du chalet, j'étais suivi par deux hommes ou par un homme et une femme, sous prétexte que le temps était encore incertain, et que je pourrais, si je m'exposais trop, être emporté par une avalanche ou être précipité dans quelque gouffre voisin recouvert par la neige.

Cette tyrannie me devenait insupportable; le moment d'ailleurs devait peu tarder où je voudrais prendre ma volée. Je reconnus à divers signes l'imminence du danger. Depuis mon entrée dans cette demeure maudite, j'avais distingué le jeune Willems; je voyais sur sa charmante physionomie des vertus, des qualités, que ne me présentait pas celle du reste de la famille : lui-même, sensible à ma préférence, me servait avec une affet ion sincère et qui n'avait rien de celle de l'obséquiosité des autres.

« Un jour, vers midi, le temps étant superbe, je voulus sortir; mon espérance était de rencontrer dans les montagnes d'autres voyageurs, des paysans, que j'aurais invoqués. Il eût suffi d'un seul homme pour renverser le complot de mes hôtes; mais nul déjà n'osait s'avancer au delà de ce chalet, le plus rapproché de la région déserte.

Mon hôte ne se souciait pas de cette promenade. Ses deux fils, ses deux filles, sa bru, travaillaient à l'étable; lui avait d'autres soins à remplir : il lui en coûtait de me laisser sortir seul. Enfin, voyant mon opiniâtreté et n'ayant pas encore osé lever le masque, il appela Willems et lui enjoignit de partir avec moi; il l'arma d'une paire de pistolets et d'une carabine, sous prétexte des ours et des loups, causa long-temps à part avec lui, et nous suivit long-temps de l'œil.

Je suis trop bon physionomiste pour n'avoir pas reconnu tout de suite ce jour-là que mon jeune ami n'était pas satisfait; il marchait auprès de moi, la tête basse, réfléchissant, et sans me regarder ni m'adresser la parole. Ceci n'étant pas naturel dans cette naïve et gaie créature, je n'en fus que davantage alarmé. Aussi, dès que nous fûmes assez éloignés du chalet pour qu'on ne pût nous entendre :

— « Willems, lui dis-je tout à coup, tu couves un chagrin, tu as un secret; prends-moi pour confident, et je ferai ton bonheur.

« Il m'examina attentivement, hésita; enfin, ne pouvant commander à sa vertu :

— « Monsieur, me dit-il, vous êtes perdu. Mes parens sont instruits par votre imprudence que vous savez faire de l'or : vous n'avez pas voulu communiquer cette science à mon père. Voici que lui et tous les miens ont résolu de vous arrêter cette nuit. Il y a dans la montagne, derrière notre chalet, des grottes immenses, profondes, variées, arrosées d'un ruisseau dans leurs parties basses, et très-sèches dans des parties élevées et toutes de tuf; là on vous enfermera pour tout le reste de votre vie, et on ne vous donnera à manger que tout autant que vous consentirez de faire de l'or chaque fois pour une somme énorme.

« Cette révélation d'un attentat si odieux me mit hors de moi. Je m'adressai à ce jeune homme, je le priai tant et tant, qu'il m'avoua que, s'il le voulait, il pourrait me conduire sain et sauf jusqu'au plus prochain village, car la terre s'était raffermie, et la neige avait disparu des portions basses, mais que la crainte de ses parens le retenait.

« Je levai cette difficulté en jurant au beau Suisse que je l'emmènerais si loin, si loin, que je le placerais dans une situation si brillante, qu'il n'aurait rien à craindre des siens. Mais il fallait se presser, puisque cette nuit-là même je serais saisi, garrotté dans mon lit, et transporté dans le souterrain. Je remis sur-le-champ au jeune homme une fiole renfermant un extrait d'opium si concentré, si souverain, que deux gouttes par personne, quoique étendues dans une forte quantité de vin, suffiraient à procurer un sommeil complet pendant vingt-quatre heures.

« Willems s'engagea, par un serment solennel, à suivre mes instructions. Je ne le perdais pas de vue, et je ne fus tranquille que lorsque j'eus acquis la certitude que le flacon sauveur avait été répandu dans les deux bouteilles de vin que l'on buvait à chaque souper.

« Pour endormir ma vigilance, mes hôtes perfides ne me traitèrent jamais mieux que ce soir-là. Ils m'entretinrent, avec une scélératesse consommée, de mon prochain départ; ils me conjurèrent de revenir les voir dans un des étés prochains; et pendant ce temps je les voyais transporter des matelas, une table, une chaise, dans le tombeau vivant où ils comptaient m'engloutir, et où le pain dont ils me nourriraient me serait si amer.

« Enfin nous nous mîmes à table. Vers la fin du repas, les deux bouteilles furent apportées. Je refusai un verre de vin, sous prétexte que j'étais incommodé. Willems, prêt à boire le sien, avala un antidote que je lui avais remis, et dont la puissance souveraine absorberait l'effet de l'opium en le neutralisant. J'eus la satisfaction de voir peu à peu mes perfides ennemis, l'un après l'autre, s'abandonner à un sommeil profond. Surpris à l'improviste, ils ne purent s'en étonner, moins encore s'en défendre. Lorsque le dernier, soumis au pouvoir de mon défenseur, fut tombé sur la table, la tête en avant, je me tournai vers le jeune gars, qui les examinait avec surprise.

— « Mon ami, dis-je, les voilà jusqu'à demain à la même heure, et peut-être plus tard que plus tôt, hors d'état de nous opposer aucun obstacle.

— « Êtes-vous bien sûr qu'ils ne se réveilleront pas?

— « Je le suis au point que je ne veux partir d'ici qu'au jour naissant. D'ailleurs, avant de nous éloigner, tu dois soigner les vaches et le troupeau, qui, sans cela, passeraient sans manger la journée prochaine. »

Malgré mon assurance, je fis une veille active, prêt à doubler la dose si quelqu'un d'eux se débarrassait de mon appui. Il n'en fut rien ; et, lorsque le soleil se leva, lorsque Willems eut soigné le bétail, selon l'usage, nous partîmes rapidement, après avoir fermé la maison. Je reconnus combien mes hôtes avides m'avaient trompé. La route, inaccessible sans doute à une voiture, n'était pas fermée à un piéton. A une heure de marche au plus, nous atteignîmes un premier chalet. A dix heures, nous avions dépassé un village. A midi, j'étais remonté dans ma chaise; et le soir, lorsque les gens du chalet sortirent de ce repos prolongé, la poste m'avait transporté au moins à quinze lieues de leur demeure inhospitalière. Je pris la route de l'Italie, parvins à Gênes avec mon compagnon, et là, trouvant un navire en partance pour les États-Unis, terre que Willems m'avait désignée pour être celle de son asile, à cause du grand nombre de ses compatriotes qu'il y trouverait, je m'embarquai avec lui.

Arrivés à Boston, j'accomplis ma promesse, et, prenant par la main le jeune Suisse, je le conduisis dans une chambre où j'ouvris un énorme coffre-fort en fer, scellé dans la muraille, et tout rempli de lingots d'or au titre le plus pur.

— « Mon ami, dis-je, voilà ma rançon; elle est royale. Je vous devais beaucoup : je me suis acquitté à peu près. Je vais partir; vous ne me reverrez plus. Ménagez votre fortune, achetez des terres, évitez le commerce, car avec lui vient l'avidité, et le cœur se serre. Il vous en a profité d'avoir été honnête homme. Continuez de même, et la Providence vous récompensera dans ce monde et dans l'autre.

« Willems se jeta en pleurant dans mes bras, promit de suivre mes conseils. Je lui donnai, en manière de guide, un rose-croix de mes amis, établi à Boston. J'ai eu plusieurs fois la satisfaction d'apprendre que le jeune homme a prospéré. Le brillant état de sa fortune lui a fait faire un mariage avantageux.

Ses parens, au contraire, commencèrent à leur réveil à ressentir les angoisses de l'avidité trompée et de l'avarice trahie. Ils crurent d'abord n'avoir dormi que des instans, car la nuit était revenue quand leurs yeux s'ouvrirent. Aussi, lorsqu'ils ne purent plus douter de ma fuite, ils se précipitèrent sur le chemin et me poursuivirent. J'étais hors de leur sphère d'activité.

« L'hiver vint. Ils avaient les cent mille francs que je leur avais légués et qu'au printemps prochain ils voulaient changer en bonnes terres, en pâturage; mais, dans une nuit orageuse, la flamme du ciel dévora le chalet, et les éclats de la foudre allèrent arracher une énorme avalanche à la montagne voisine. Elle se détacha, roula, tomba sur le manoir qu'on cherchait à sauver des flammes célestes, et l'emporta dans l'abîme voisin avec la masse d'or et une partie de la famille. Le reste, horriblement mutilé, perdit à la fois tous ses moyens d'existence et ne put rien retrouver de son trésor. Ces malheureux, indignes de pitié, furent contraints de demander l'aumône dans la même contrée que, pendant plusieurs jours, ils avaient cru posseder et leur appartenir tout entière. Je ne voulus pas m'opposer par mes bienfaits au juste châtiment de la colère divine.

XIV.

Le roi non moins bien gardé que bien aimé. — Ceinture militaire au tour des Tuileries. — Laisser-aller des execrables légitimes. — Maison militaire, civile et économique du roi des Français. — Manière d'avilir qui on gratifie. — Maison de la reine des Français et des princesses. — Conduite opposée de Henri IV et de Louis Philippe en montant sur le trône, *è sempre bene.* — Différence entre le légitime et l'héréditaire. — Lésineries des Michel Morin du château. — D'un notaire vraiment royal.

Avant la chute de Charles X, la maison d'honneur du roi et celle des princes et princesses de son sang étaient garnies d'une multitude de grands officiers, de gentilshommes tous riches à peu près, et qui, par leur magnificence, rehaussaient la munificence du monarque et de son auguste famille. Des services particuliers détachés avaient à leur tête le grand-aumônier, le grand-maître, le grand-chambellan, le grand-écuyer, le grand-veneur, le grand-maître des cérémonies, etc. Nul ne s'approchait qu'avec respect de cette noble demeure, parce qu'elle était habitée par le délégué de Dieu, par le père de la nation, et cependant jamais maison ne fut plus ouverte, plus accessible. Qui avait un habit décent et un nom à offrir en bouclier à la question peu ordinaire d'un concierge de mauvaise humeur, pouvait, dès la porte franchie, parcourir les Tuileries dans ses étages et dans tous ses appartemens, ceux du roi exceptés; et encore, qu'avait à craindre de ses fils un père aussi clément que Charles X, par exemple.

Les choses ont changé de face; il n'y a pas de citadelle armée en guerre, et craignant l'approche d'une armée ennemie, qui ne soit moins close, moins barricadée, moins gardée, moins défendue, que le château des

Tuileries. Qu'on se figure une ligne double et triple de sentinelles et de gardes qui commencent dès les avenues de la place du Carrousel, longent toute la rue de Rivoli, la place Louis XV, les quais de la Seine, et reviennent par les approches du pont Royal.

Un régiment entier d'infanterie, ou à peu près, loge dans la portion de la rue de Rivoli, qui se croise avec celle de Rohan. Plus près du château est le grand poste de la garde nationale, qui a une double sortie; un bataillon campé dans la maison sise à l'angle de la rue des Pyramides; et de ce côté, dans la cour du château, il y a plusieurs noyaux de troupes prêtes à tout événement. Vers le centre de la rue de Rivoli, autre poste, autre un peu plus loin, dans l'ex-garde-meubles, rue de Luxembourg; on a bâti trois corps-de-garde en bois sur la place Louis XVI, deux autres non moins nombreux, et ceux-là le sont beaucoup, sont placés aux deux côtés du pont tournant, et en dedans du jardin. Il y a des soldats aux alentours de la chambre des députés, d'autres à l'angle de la rue Belle-Chasse et du quai. Une immense caserne plus perpétuellement garnie, un poste extérieur après le pavillon de Flore, deux intérieurs de ce côté, puis celui de la garde nationale à cheval; enfin, dans le rez de chaussée de la galerie du musée, on a caserné un escadron de cavalerie et un bataillon d'infanterie.

Les sentinelles ont envahi le château, et partout elles sont doubles; on heurte à chaque pas ou un gardien en costume, ou un observateur vêtu comme nous; des cavaliers *bourgeois* ou gendarmes, c'est la même chose, parcourent le Carrousel, la rue Rivoli, la place, le quai, tandis que des vedettes, postées sur le grand pavillon de l'horloge, interrogent à de fortes distances les mouvemens du public.

Hé bien, avec ce luxe de défenseurs avoués devenu si nécessaire depuis la reconnaissance de la souveraineté du peuple, et qui semble si singulière, lorsqu'on ne cesse de répéter que ce monarque, mieux gardé que Pygmalion, est l'élu du peuple et le roi de son choix, la crainte des personnes attachées à Louis-Philippe ne diminue pas; cette crainte est farouche, timide, méticuleuse, outrageante; elle se méfie de tous, elle redoute tout, amis indifférens, ennemis, sont soumis aux mêmes avanies, à des humiliations pareilles. Assurément il est possible, à toute force, d'entrer dans ce château; mais en sortir sans avoir été reconnu, pressé, traqué de questions et de mesures incroyables, c'est ce que ne ferait pas la plus mignonne des souris.

On parle des précautions prises par Louis XI, ce roi tant calomnié, à son château du Plessis-les-Tours. Eh bien! telles qu'elles fussent, elles seraient des enfantillages, si on les comparait à celles dont on environne, dont on désespère un monarque bien-aimé. Il semble, à voir les dispositions stratégiques des courtisans, que les enfans de ce père ont tous été déshérités par lui, et pourtant ce sont eux qui règnent, et lui n'est que leur délégué.

Parlez-moi des rois absolus, *par la grace de*

Dieu, de ces tyrans féodaux qui doivent, chaque matin, manger à déjenuer au moins deux de leurs sujets, l'un à la Marengo et l'autre à la crapaudine ; qui boivent du sang à tous leurs repas, qui ne parlent aux tribunaux que le fouet à la main, qui prennent au peuple le dernier écu gagné à la sueur de son front ; hé bien, ces abominables despotes, exécrés par le vieillard et par l'enfant à la mamelle, vont seuls, à pied, en voiture, se promenant sans garde dans tous les lieux publics où la foule abonde, entrent aux redoutes où l'on danse, et cela en pleine sécurité et sans frayeur d'un coup de pistolet ou de poignard.

Quelle magie les défend, ces monstres..... Halte-là ! c'est que, je le répète, il n'y a pas un mot de vrai ni dans leur effroyable tyrannie, ni dans l'aversion qu'on leur voue ; c'est qu'ils sont doux, bons, pieux, clémens ; qu'ils ne placent à l'étranger ni la fortune de leur fils ni la leur ; peut-être c'est qu'ils sont chez eux ; que ce monde est à eux ; aussi, pères tendres, propriétaires éclairés, ils craignent les impôts exorbitans, et ils soulagent la misère publique.

Dieu veuille que les Français comprennent cette vérité, et qu'abdiquant cette souveraineté qu'ils n'ont exercée qu'à leur détriment, disent au roi : Sire, reprenez votre titre, *par la grace de Dieu*. La paix, la concorde, renaîtront à la suite de de cette réintégration, où chacun aura son droit naturel. Alors Louis-Philippe, délivré de l'armée qui l'environne, se promènera en chapeau rond, le riflard sous le bras, sa femme près de lui, qui ne s'intitulera pas la *première dame du royaume* (style Dupin), et qui n'en sera pas moins respectée.

Le roi des Français, pour avoir trop de défenseurs à cinq sous, n'a pas seulement une maison civile; il n'a même pas un aumônier; il paraît que le roi des Français doit, à l'extérieur, faire montre d'indifférence pour tous les cultes, par respect pour la charte, qui ne veut pas de religion dominante. Je m'étonne que, puisqu'on veut que la loi soit athée, on ne fasse pas jurer au roi des Français, à son avénement, qu'il le sera aussi.

L'Almanach royal et national de cette année 1836 porte cependant, à la page 44, le titre de *Maison du roi.* On y trouve deux sortes de service, le militaire et le civil. Le roi des Français a quatorze aides-de-camp, le baron Athalin, le vicomte de *Rumigny,* le comte d'*Houdetot*, le baron Berthon, le comte Jules de la *Rochefoucauld* (ici le prénom est convenable), Heymès, le baron Dumas, le comte de Laborde, le comte du Ronel, le duc de *Choiseul*, le baron Delort, les barons Bernard, Gourguand et Jacob. Ainsi, sur quatorze, il y a quatre gentilshommes que j'ai signalés en mettant leurs noms en italique. On voit que la bourgeoisie est très-convenablement représentée, soit que la politique l'ait voulu ainsi, soit que le nombre soit faible encore des gens de qualité, qui ne sont pas démissionnaires à la manière du maréchal de Bourmont.

Deux aides-de-camp honoraires, le vicomte de Rohan-Chabot, et Latreyle, même sans la lettre *M.*, que lui refuse l'Almanach, ainsi qu'à l'aide-de-camp titulaire *Heymès*, pas plus *monsieur* que l'autre, je ne sais pourquoi. N'y aurait-il pas peut-être là-dessous une finesse courtisanière quintescenciée par delà toute convenance? savoir, que le roi des Français peut très-indifféremment qualifier d'un titre, mais nommer *monsieur* quelqu'un, ce serait, en quelque sorte, le placer au dessus de soi, roi :

La peste! où mon esprit prend-il ces gentillesses?

La citation ne s'applique pas à moi; je prie le lecteur de le croire; mais aux habiles héraldistes qui rédigent l'Almanach *royal et national.*

Suivent douze officiers d'ordonnance; ceux-ci, non plus, ne sont pas *messieurs*, mais brusquement; *de Lasalle*, *de Perthuis*, Liadière du Hesme, Delarue, Berthier (Paul), Bilfeldt,

Rocrio, Grosbois, Rolland, *Mortier*, duc de Trévise, Thierri. Encore ici trois nobles sur douze. Je renvoie à ma conjecture de plus haut.

Puis vient la partie civile; elle est courte.

Cabinet du roi. M. Camille Fain, *secrétaire.* M. Lassagne, *sous-secrétaire.*

M. Albert, *premier commis.* Cette qualification, dédaignée depuis 1790, reparaît depuis 1830; c'est, à tout prendre, le premier pas vers la monarchie de Louis XIV; les nobles qui se plaignent sont bien injustes; la contre-révolution n'est-elle pas consommée? Les PREMIERS COMMIS sont de retour; le chancelier ne tardera guère, puis les fleurs de lis; il ne manquera que le descendant de Louis XIV; ne sera-ce pas assez de son arrière-petit-neveu?

Secrétariat, Pétitions, Secours.

M. de Chevilly, chef de bureau. Celui-là doit être une manière d'Hercule, puisqu'il suffit à trois fonctions qui, sous Charles X, employaient plus de trente écrivains. Les secours seuls occupaient alors, sous un roi moins riche que le roi des Français, car ses charges étaient quadruples, un petit ministère. On donne peu à la cour actuelle, et on donne avec des formes si humiliantes, que les intrigans seuls peuvent accepter des secours sans rougir.

Toute personne qui demande est soumise aux formalités suivantes. Un monsieur se présente chez le portier de la maison, s'informe du loyer, des moyens d'existence, du genre de tenue, des allures, des frais de vêtemens et des occupations du solliciteur. On se fait enseigner le boucher, le fruitier, l'herboriste, le boulanger du même, et là le nom *mystérieux* est livré aux conjectures de ceux à qui on s'informe, de la quantité de viande, d'œufs, de plantes potagères et de pain achetée chaque jour. Le commissaire de police du quatier est aussi entendu; et quand tous les renseignemens sont favorables, c'est-à-dire lorsqu'on sait que vous mourez de faim, on vous fait remettre trente francs... soixante est le comble de la munificence; et, à la seconde prière, on vous renvoie à l'année suivante, si on a des fonds.

La nouvelle liste civile ne pensionne pas, elle donne à dix ou douze individus cinq cents francs par an, non pas à l'époque périodique du premier envoi, mais avant ou après, afin de bien prouver qu'on ne s'engage à rien, et que l'on secoure.

Le mot pension étant banni du protocole, est de propre mouvement et non de cette pitié généreuse qui veut délivrer de toute inquiétude d'avenir le malheureux qu'elle oblige.

Écurie. Le marquis de Strada, écuyer-commandant; MM. de Strada et de Pajau, écuyers.

Voilà tout le composé de la maison du roi des Français; elle compte, en comprenant les deux services, trente-cinq individus, tandis que, dans la seule maison civile du dernier roi de France, on ne comptait pas moins de sept cent quinze grands officiers ou employés à divers titres, non compris les administrations des musées, de la Monnaie, des Médailles, des Gobelins, de Beauvais, etc.

Puis venaient les maisons de tous les princes et princesses. Or, ai-je tort de dire que les charges de l'ancienne liste étaient quadruples, et par conséquent bien moins riche que la première.

La maison de la reine des Français (première dame de France (style Dupin), est composé

Un aumônier. L'évêque de Maroc *in partibus.*

Dame d'honneur. La marquise de Dolomieu.

Dames. La marquise du Roure et de Chanterue, la maréchale comtesse Lobeau, les comtesses Camille de Sainte-Aldegonde, de Bondy et Mollien.

Chevalier d'honneur. Le comte Anatole de Montesquiou Fezenzac.

Secrétaire des commandemens. M. Octave Borel de Bretizel; M. Busson, sous-secrétaire.

Autrefois, chaque princesse, même non mariée, avait sa dame d'honneur et sa dame d'atours à part; aujourd'hui, les deux princesses n'en ont qu'une, madame la duchesse de Massa (Reignier).

Dames pour accompagner LL. AA. RR. La comtesse Maurice d'Hulst, madame Arglet, la comtesse Olivier de Chabot.

Neuf officiers de tous grades composent les maisons civiles et militaires de M. le duc d'Orléans; trois remplissent les mêmes fonctions auprès du duc de Nemours.

La maison de madame Adelaïde a pour dame d'honneur la comtesse de Montjoie (elle vient de mourir): dames pour accompagner, la comtesse La Tour du Pin (Zéphyrine), la vicomtesse de Rumigny. S. A. R. madame la dauphine avait en 1830 auprès d'elle, et au même titre, six dames, et S. A. R. madame, duchesse de Berri, en avait huit titulaires et trois honoraires. Ainsi, je ne cesserai de le répéter, toute proportion établie, les listes civiles actuelles sont quatre fois plus riches que celles du temps des rois légitimes.

En parlant des monarques de la branche aînée, je me sers de la qualification de légitimes, et cela parce que ces monarques, rapportant leur élection à Dieu, se croyaient rois de France à titre indélébile, et sans besoin de sanction autre que celle de son droit.

Les rois des Français ont une autre origine : le peuple, ayant banni l'ancienne race, a confié à ceux-ci l'exercice du pouvoir souverain par forme, non de don, mais de délégation ; il a accordé la succession héréditaire, mais sans prétendre aliéner le droit qu'il a de changer, si bon lui semble, la dynastie ; car, ce qu'il a pu faire une fois légitimement, il est incontestable qu'il peut le faire encore. Or, les rois des Français ayant accepté à ces conditions la couronne, il repousserait avec indignation la qualification de *légitime*, qu les pourrait faire confondre avec ces tyrans régnant par la grace de Dieu. Ce n'est donc pas malice de ma part, mais conviction diplomatique, qui me fait donner aux uns ce vieux titre et le refuser aux nouveaux des rois. Les rois des Français élus par le peuple peuvent être héréditaires, et pas autre chose.

Mais si les maisons civiles sont peu nombreuses, l'immense richesse de la maison d'Orléans a nécessité un luxe d'administration des domaines de la couronne, ou privés; car le roi des Français, au lieu, selon l'antique usage en France, de confondre ses biens privés avec le domaine de l'État, se hâta de les faire passer sur la tête de ses enfans, de sorte qu'il n'a rien apporté à la masse commune, et qu'il en a retiré des sommes énormes. Henri IV, en montant au trône, donna à la France l'Auvergne en partie, le Limousin, le Querci, le Périgord, une portion de la Guienne, le comté de Bigorre, le Béarn, le royaume de Nav[illegible]e; car il ne faut pas croire que les Bourbo[illegible] chéris soient venus aux Français les mains vuides. J'oubliais parmi les provinces réunies à la couronne par le Béarnais, le comté de Foix et les terres limitrophes.

La cour moderne jette un grand éclat de bougies, il y a un vrai luxe d'illuminations. Mais on ne peut en dire autant du service de bouche; celui-ci est tenu mesquinement; on est sobre de glaces, de rafraîchissemens. Les buffets, dans les fêtes, sont garnis de viandes quelque peu avancées : on a l'habitude d'acheter, dans ces circonstances, aux divers charcutiers de Paris, les pièces qui attendaient l'acquéreur depuis un peu trop de temps.

Le roi des Français ignore ces lésineries; on les commet pour lui faire la cour : on lui fait la galanterie d'une fête au rabais, et lui, plein de confiance dans la libérale splendeur de ses commettans, est charmé d'avoir traité royalement la ville et la banlieue, et de voir le chiffre de la dépense au dessous de la somme accordée. Voilà d'où vient la faveur de tel personnage: on l'épouse parce qu'on le sait économe et rangé.

Tout est réglé dans cette maison sur un si grand pied d'économie, que feu S. A. R. le prince de Montpensier, frère du roi actuel des Français, ayant donné le jour, pendant sa détention au fort Saint-Jeau à Marseille, à un fruit heureux de l'amour, au lieu de faire un établissement de gentilhomme à ce fils du côté gauche, on l'a mis saute-ruisseau dans une étude de notaire; et, lorsqu'il a eu l'âge requis pour exercer, leur liste civile lui a prêté la somme nécessaire à l'achat d'une charge, s'est fait donner bonne garantie, et on la rembourse chaque année avec le produit des bénéfices.

Ce n'était pas ainsi que, chez les anciens d'Orléans, on établissait des frères illégitimes. Un des bâtards du régent était général des galères; un autre, archevêque de Cambray; et certes, Dunois, qui sauva la France, ce chef glorieux de l'illustre maison de Longueville, que nous avons vue s'éteindre dans la personne de madame la princesse de Rohan Rochefort; Dunois, dis-je, ne fut jamais *saute-ruisseau*.

XV.

La nouvelle Vampire, histoire fantastique racontée par l'un de ses acteurs principaux. — Scène diabolique exécutée par le comte de Saint-Germain. — Suite étonnante de la révélation d'un miroir magique.

Dans le voyage que j'avais fait en Italie, je m'étais lié avec le vicomte de Valiceh, gentilhomme Français et d'une famille originaire de Toulouse. Celui que je connaissais joignait à une figure charmante une taille noble, gracieuse et un caractère parfait, généreux, libéral, non politique, mais, selon la vieille expression du mot, il paraissait beaucoup plus riche qu'il ne l'était par la grandeur, la magnificence de ses manières, par cette habile économie qui n'a rien de la lésinerie et de l'avarice.

Nous nous étions rencontrés à Gênes, et la sympathie, agissant sur nous insensiblement, chacun régla son voyage sur celui de l'autre, et, après ne nous être accointés que pour passer ensemble quelques journées, deux années s'écoulèrent que nous ne songions pas à nous séparer.

Un soir, je quitte mon ami; il allait au palais Massimi; je devais passer la soirée avec madame Lætitia Bonaparte. Je rentre, et mon premier cri est de demander le *carissimo amico* Julio de Valiech; il venait de ressortir, laissant un billet à mon adresse. Je le pris des mains de mon valet de chambre avec une émotion qui, depuis, me parut extraordinaire, l'ouvris; il n'y avait que ces mots :

« Adieu, prince; je vous aime toujours et ne vous reverrai plus. Aimez-moi et plaignez votre ami.

« JULES. »

Que lui était-il arrivé? Royaliste de cœur et de corps, il n'avait rien à craindre de la police romaine, il n'était pas joueur. J'avais souvent entendu les belles romaines se plaindre de son insensibilité; il jouissait d'une fortune considérable. Que lui était-il arrivé? me demandai-je. Pourquoi ce départ précipité, cette manière de fuite? J'avais besoin d'atteindre à la solution de ce nouveau problème, et, prenant mon parti, je me rends dans son appartement.

Nous logions dans la même maison, Via del Corso; j'occupais le premier étage, lui le second. Il avait un cocher, deux estaffiers, deux valets de pied et un premier cameriere; de plus, une façon de *omnis homo*, de maître d'hôtel intendant, trésorier, sommelier, et de plus, honnête homme, ce que je note pour la singularité du fait.

Je trouvai M. Duclos (c'était le nom de ce phénix); je le trouvai, dis-je, tout en larmes.

— « Au nom de Dieu, dis-je, que s'est-il passé? Où est le vicomte? pourquoi est-il parti?

— « Je l'ignore non moins que votre altesse, répondit ce brave factotore. M. de Valiech est rentré il y a deux heures, m'a dit de payer les fournisseurs, et de gratifier de deux mois de gages sa maison, et de tout renvoyer. Quant à moi, je dois reprendre le chemin de France, et aller attendre le retour de mon maître dans sa terre principale.

— « Et il ne vous a pas dit pourquoi il décampait ainsi?

— « Non, Monseigneur.

— « Où il allait?

— « En aucune façon.

— « A-t-il de l'argent?

— « Je le crois nanti d'une forte somme; il ne m'a rien demandé.

— « Quelle mine avait-il?

— « A faire fendre le cœur. Oh! Monseigneur, je ne le verrai plus. »

Et ce brave homme se mit à sangloter. Je ressentais également un chagrin extrême, et, de concert avec lui, nous fîmes d'actives recherches pour retrouver la trace de mon ami: ce fut en vain. Je demeurai encore quatre mois à Rome, pendant lesquels je reçus deux lettres de Duclos, qui me faisait savoir que le silence le plus profond cachait toujours le lieu de la résidence du vicomte Jules de Valiech.

Deux autres épîtres, arrivées en Russie à un an de distance chacune, et du même individu, ne levèrent pas davantage le voile mystérieux qui couvrait l'existence de mon ami.

J'étais encore plein de son souvenir à mon arrivée en France; et, comme je me retrouvai avec le comte de Saint-Germain à Paris, après l'avoir, lui aussi, perdu à Rome, je m'avisai de lui parler du vicomte de Valiech, et je lui exprimai ma vive inquiétude, et combien je serais charmé de savoir ce qu'il était devenu.

— « S'il n'est pas mort, répliqua le thaumaturge, il me sera facile de vous satisfaire; car, en quelque lieu qu'il soit, je me charge de vous le faire voir dans une glace constellée, véritable miroir cabalistique, et tout pareil à celui dont je me servais pour contenter la curiosité de S. M. Louis XV et de la marquise. (C'était madame de Pompadour qu'il désignait ainsi.)

— « Vous me rendriez votre disciple, dis-je, si vous me procuriez cette satisfaction. Faut-il que je vous dépeigne mon ami?

— « Gardez-vous en bien. Avez-vous seulement quelque chose qui lui ait appartenu ?

— J'ai, dis-je, ce beau camée, cadeau de son amitié : deux charmantes mosaïques que nous troquâmes contre une coupe de malachite; enfin, j'ai conservé une douzaine de billets du matin écrits de chambre à chambre, et remarquables par leur originalité.

— « Oh! ceci est excellent. A demain au soir, chez vous; mais, en grace, n'appelez personne, hors le comte de S....., votre presque compatriote, avec sa charmante fille; agrandir le cercle me désobligerait. »

Charmé d'être appelé à assister à une haute expérience de fantasmagorie, je n'eus rien de plus pressé que de courir inviter le comte et Nalinska à être des nôtres. Tous deux acceptèrent, et notre impatience ne fut pas médiocre. Le moment arriva; mes convives parurent; le comte de Saint-Germain les suivit de près. Ses deux valets posèrent sur une table un miroir, glace de Venise, dont le cadre d'or massif était surchargé d'émaux précieux; une riche tavaïole en brocard d'or et de soie des Indes, recouverte d'un point de Bruxelles merveilleux; ils apportèrent aussi deux trépieds d'argent massif, garnis de réchauds où brûlait, dans chacun, une mèche d'amianthe imbibée d'une huile inextinguible, pareille à celle que les Romains employaient pour allumer les lampes sans fin que l'on retrouve encore brillant dans leurs tombeaux.

Quelques boîtes d'or, et d'un travail de féerie par la ciselure, furent mises auprès de ces trépieds, ainsi que quatre flacons de cristal de roche. Le comte de Saint-Germain avait revêtu une robe longue très-plissée, d'une étoffe cachemirienne, tant sa finesse étonna la divine Polonaise; elle était noire, ce qui rehaussait l'éclat d'une large ceinture de soie rouge violâtre qui la retenait au dessus des hanches. Une toque de velours de couleur assortie à l'écharpe, et où jouait une plume sombre comme la robe, complétait ce costume, bizarre par son étrangeté. La baguette obligée était entre les mains du comte, laquelle tirait son origine de la corne d'un rhinocéros; à une de ses extrémités il y avait une pointe aiguë en acier, et l'autre, au contraire, était formée par une boule transparente verte, et qui me parut être une émeraude incomparable, vrai

Orient, et de la plus belle eau que j'eusse jamais vue.

Les fenêtres furent soigneusement fermées; les valets du thaumaturge enlevèrent les bougies des chandeliers, y en substituèrent sept qu'ils avaient apportées, et dont le comte nous dit la présence indispensable. Ils étendirent un tapis de Perse chargé de caractères cabalistiques, puis avancèrent trois fauteuils sur lesquels ils nous firent signe de nous asseoir, aucun d'eux n'osant ouvrir la bouche et parler une langue humaine.

— « Sont-ils muets? dis-je à leur maître.

— « Non.

— « Dans quel idiome se font-ils entendre?

— « Dans celui des morts; c'est la seule langue qu'ils puissent employer dorénavant. »

Cette mauvaise plaisanterie sans doute me fit frissonner involontairement; et si la chose n'eût pas été un badinage, n'était-ce pas affreux que de se voir servi par des cadavres dans les choses familières de la vie. Quoi qu'il en soit, dès que leur coopération ne fut plus utile, ils se reculèrent, s'adossèrent contre les fenêtres, et y restèrent comme deux masses de plomb entièrement privées de sentimens.

Quant à nous trois, nos fauteuils avaient été placés de telle sorte, que nous plongions dans l'intérieur du miroir. Il nous fut recommandé de ne faire aucune réflexion, d'exprimer aucune demande; en un mot, de rester bouche close pendant la durée de l'opération, sous peine de la faire manquer. Les gestes, signes de croix, attouchemens d'intérêt réciproque, mouvemens d'admiration, démonstrations d'épouvante, nous furent interdits pareillement.

Le mystère commença : le thaumaturge prit dans les boîtes d'or diverses poudres et bols qu'il pétrit avec les eaux contenues dans les flacons; il fit plusieurs petites boules qu'il jeta successivement dans l'un ou dans l'autre trépied, toujours travaillant par nombre impair. Il s'éleva du bord une fumée épaisse, colorée, répandant une odeur pénétrante, forte, et non désagréable; elle remplit le salon et se maintint sur notre tête en manière de dais.

Cependant l'opérateur ou le sage, ayant touché du bout de sa baguette, où il y avait une émeraude, le centre de la glace, nous vîmes une lumière poindre dans l'intérieur de celle-ci, éclairer vivement et à ma surprise très-croyable. Je tardai peu à voir une ville en miniature en dedans du cadre : c'était Paris. Lorsqu'elle eut frappé nos yeux pendant deux minutes, elle se dissipa insensiblement en éclair, flamba, comme pour nettoyer le champ du miroir, et, lorsqu'il se fut dissipé, je reconnus le Panthéon sur un des côtés du tableau; au milieu, une rangée de maisons dont une avait son numéro aussi resplendissant que s'il eût été en diamant.

Nouvel éclair, autre changement de scène. Nous aperçûmes cette fois un jardin assez étendu, bien cultivé, et un homme se promenait en nous tournant le dos, car il suivait une allée descendante. Sa tournure me frappa, mon cœur se mit à battre; il me tardait que cet individu se retournât..... Il le fit..... Oh! que j'eus fort à faire pour retenir le cri prêt à m'échapper! car, à mesure que celui-là revenait vers nous, ses traits se développaient, et je reconnaissais en lui mon ami le vicomte Jules de Valiech; mais, ce qui me parut plus étrange, ce fut de voir que ce fantôme avait l'air de me reconnaître, lui aussi; ses yeux s'animèrent, sa figure pâle se colora; je le vis clairement presser sa course, ouvrir les bras, les tendre vers moi, s'élancer pour m'atteindre.....

Il me fut impossible de me vaincre plus long-temps. Trompé par une fiction si semblable à la réalité, je me levai, et, de ma part aussi, je me précipitai au devant de mon ami; je prononçai son nom. Il me sembla entendre le sien, et sentir sur mon visage le souffle de sa bouche; mais en même temps un léger bruit, comme celui d'une machine qui s'arrête d'elle-même, se fit entendre : les vapeurs suspendues retombèrent sur le miroir, que nous trouvâmes couverts de la somptueuse tavaïole..... Le charme était dissipé.

Le comte S..... me gronda sur ma pétulance; sa fille, qui ne prêtait à ceci qu'une attention indifférente—elle ne connaissait pas mon ami—se plaignit avec douceur que je l'avais privée d'un divertissement agréable. Ce fut le thaumaturge qui me querella; et vivement; il jura que je m'étais exposé à un malheur affreux.

—« Si l'ombre que je vous ai montrée n'eût pas été saturée d'amitié pour vous, elle vous aurait étranglé subito, comme j'ai vu ce fait arriver en Islande il y deux ans. »

Je m'excusai, et cependant je ne m'appartenais plus; je voyais devant moi mon ami. Habiterait-il Paris? serait-il aussi proche de celui qui lui voue une inébranlable affection? J'avais conservé dans ma mémoire l'aspect de la rue où il logeait, le numéro de sa demeure; restait celui-ci, gravé dans mon cœur; je sentais que ce soir-là je ne pourrais pas sortir convenablement; aussi combien il me tardait de voir luir le jour prochain.

Cependant les deux automates, remontés sans doute par le thaumaturge, quand leur service était redevenu nécessaire, eurent en un moment enlevé la table, le miroir, les trépieds, boîtes et flacons; puis, ayant ouvert les fenêtres, ils sortirent pour ne plus rentrer.

— « Que vous semble de ce que nous venons de voir? dit le staroste polonais.

— « Ne me questionnez pas là-dessus, repartis-je. M. le comte de Saint-Germain s'est si bien emparé de mon imagination, en agitant mon ame et en travaillant sur elle, que je me fais son homme lige s'il le veut dorénavant.

Le thaumaturge me regarda avec un air satisfait; il me dit ensuite de lui avouer ce que je pensais touchant ce que j'avais vu.

— « Que vous étes, dis-je, un homme bien habile.

— « Rien que cela.

— « C'est à vous à me faire dépasser ce point.

— « Nous verrons, ajouta-t-il. »

Puis il s'en alla, sous prétexte de quitter son costume, qui, par le fait, n'était ni de saison ni de mise. Il revint. J'avais fait apporter des gâteaux, des fruits confits, des glaces, des eaux glacées, et je faisais tout mon possible pour plaire à la belle Nalinska. Hélas! je n'avançais guère. Je la voyais, au contraire, jeter perpétuellement ses regards, soit dans le jardin, soit dans la cour, comme si son amant caché y eût été.

Gustave se donna beaucoup de mouvement pour que ma collation impromptue fût jolie; il réussit; mais il ne se montra pas de sa personne; je reconnus là sa fierté native; et, comme ceci rentrait dans mon système des franchises que je lui accordais, je le laissai agir à sa fantaisie. Le père et la fille me quittèrent enfin, me laissant épris de plus en plus, et sans pour cela être plus heureux.

Mais ce soir-là une idée unique m'occupait; je rêvais à mon ami, à Jules de Valiech, car j'étais parfaitement sûr de le rencontrer le lendemain. Le comte Rose-Croix m'avait trop bien fait connaître le lieu de son asile, pour que je n'y allasse pas tout droit.

XVI.

Visite à un ami. — Privilége de ceux qui naissent un vendredi. — Histoire de cimetière. — Paysanne et duchesse cadavre.

A neuf heures précises j'étais sur le plateau du Panthéon. Mon souvenir interrogeait tous les quartiers voisins, et dans celui de la rue de l'Estrapade il ne me fut pas difficile de reconnaître la maison et le numéro que j'avais vus la veille dans le miroir féerique du comte de Saint-Germain. Ce ne fut pas sans un violent battement de cœur que, la porte m'ayant été ouverte, je demandai au domestique qui vint lui-même ouvrir si le vicomte Jules de Valiech se trouvait chez lui dans ce moment, et s'il était visible.

Je vis bien que ma question étonnait; cependant il me fut répondu que M. le vicomte, en attendant le déjeuner, se promenait dans le jardin. Je fus encore frappé de cette circonstance, à cause de l'apparition de la veille; mais je peindrais mal ce qui se passa en moi lorsque je fus pleinement certain d'avoir rencontré la demeure réelle de mon ami.

L'honnête valet passa devant moi, me fit traverser une cour, puis un vestibule, puis un salon très-élégant; et enfin, ayant ouvert une porte vitrée, me dit, en étendant la main: Voilà Monsieur.

Comme dans l'affaire de la veille, le vicomte me tournait le dos en descendant l'allée. Moi, tout ému, je restai sur le perron à le regarder; lui se retourna au bruit que fit le domestique en refermant la porte; il m'examina, jeta un cri: c'était dans l'ordre; et, à son tour, courut vers moi les bras ouverts comme pour m'embrasser. N'allai-je pas encore ici me ressouvenir de la disparition de la vision? Je me mis à craindre qu'il ne m'arrivât la même chose, et que le vicomte ne s'envolât au moment d'être pressé sur mon cœur.

Grace à Dieu, il n'en fut rien; c'était bien lui cette fois, et pas son ombre; il ne pouvait se lasser de me baiser, il pleurait de joie. Et en même temps:

— « Oh! mon ami, disait-il, pardonnez un malheureux. Ah! je vous en conjure, traitez-le avec indulgence; vous aurez pitié de lui lorsqu'il vous racontera ses malheurs et sa longue infortune.

— « Pourquoi me fuir? dis-je à mon tour, pourquoi chercher dans la fuite des consolations que vous auriez obtenues plus positivement de l'amitié?

— « Savais-je ce que je faisais? répliqua le

vicomte; pouvais-je d'ailleurs disposer de mon sort? ne me serais-je pas rendu à vos yeux un objet de ridicule? ne vous seriez-vous pas moqué de moi?

— « Je ne peux répondre à une supposition si injuste. Deviez-vous croire que je vous abandonnerais dans vos souffrances, dans vos chagrins? Non, sans doute.

— « Mais, dit le vicomte, me direz-vous par quel prodige vous êtes parvenu à me découvrir dans Paris? C'est le lieu de France où je me croyais le plus en sûreté. Comment avez-vous pu arriver à moi, qui ne reçois ni lettres, ni journaux, ni visites. Je suis curieux de savoir où vous avez acheté mon secret?

— « Je ne vous le cacherai pas, répondis-je. Mais je vous conjure de me permettre de vous en faire un mystère jusqu'au moment où vous m'aurez initié dans le secret de votre cœur. »

Le vicomte jeta sur moi un regard mélancolique. Je l'examinai avec attention; il me fut alors permis de reconnaître le ravage que cette absence avait apporté sur sa figure, sans épargner sa démarche et sa tournure si élégante. Je le pressai de me mettre dans sa confidence; je lui dis tout ce qu'un véritable ami pense et lui-même éprouve; enfin il me prit par la main, et me regardant fixement :

— « Allons, soit, puisque vous le voulez, puisqu'il vous convient de me tourner en ridicule, je le veux bien; écoutez-moi : je sais que je vais vous entretenir de choses extraordinaires; vous les taxerez certainement de folles, d'extravagantes; n'importe, mon parti est pris, vous saurez tout.

« Lorsque j'aurai terminé cet aveu, si vous ne voulez pas y accorder une foi entière, je vous supplie de vous retirer sans m'accabler ou de froides railleries ou de raisonnemens qui me seront insupportables, car ils glisseront sur des faits. »

La solennité de l'exorde m'étonna; je fis un simple mouvement de tête, comme pour prendre l'engagement de me soumettre à la condition qu'il m'imposait, et lui alors, plus calme et moins oppressé, m'ayant fait signe de m'asseoir dans le salon où nous entrâmes, se mit à marcher de long en large tandis qu'il me racontait son aventure incompréhensible.

« Je suis né un vendredi, et le jour de la fête des morts. Une superstition de ma province veut que celui qui, à sa venue au monde, a accompli cette double condition, doit converser familièrement avec les trépassés, ou du moins les voir et leur parler dans la nuit anniversaire de sa naissance. Dès mon enfance, on m'inculqua si fort cette croyance fatale, que je m'imaginai en deux circonstances, où j'étais bien jeune, m'être trouvé en effet avec les ombres de mon aïeul paternel et de mon aïeule.

« Il résulta de cette propension un caractère naturellement grave, sévère; je me sentis peu porté vers les plaisirs de l'adolescence, je ne me livrai ni au jeu ni à la chasse, et à peine si l'amour put émouvoir mes jeunes sens. Je voulus entrer au service, je sortis officier de l'école de Saint-Cyr; mais l'état en paix ne me permettant pas de faire la guerre, j'allais donner ma démission, lorsque l'expédition d'Alger eut lieu.

« Charmé de rencontrer une occasion d'acquérir de la gloire, je sollicitai la faveur de faire cette campagne, si brillante par notre triomphe, et si fatale aux vainqueurs. Je ne crus pas devoir prêter au roi des Français le serment que l'on exigeait, et cette fois, ma démission ayant été acceptée, je rentrai dans la vie civile. Me trouvant mal à mon aise en France, je formai le désir de parcourir l'Italie; j'étais en route, j'avais dépassé la frontière française, lorsque mon voiturin, qui avait fourni rapidement sa journée, entra avant le coucher du soleil dans je ne sais quel village où nous devions passer la nuit.

C'était précisément le premier novembre. Bien que l'on fût presque dans l'intérieur des Alpes, la beauté, la sérénité de l'air m'engagèrent à me promener dans la campagne en attendant l'heure du souper. Le hazard me conduisit vers le cimetière; il était proprement tenu, contre l'usage; j'y vis plusieurs tombes assez élégantes; cela me poussa à y entrer, afin de le visiter de plus près. La porte en était ouverte, à cause de la festivité; je m'assis sur un banc contre une jolie croix de pierre soigneusement sculptée, et là me mis à rêver. Le temps était si magnifique, le ciel si pur, que je ne sais combien d'heures j'y serais demeuré, si on ne fût venu m'y chercher de l'auberge.

« Quand je rentrai, je trouvai un grand nombre de paysans, tous causant avec vivacité. Tous se turent à mon aspect : je devinai qu'il était question de moi, et je demandai à mon domestique, en langue basque, que je parlais aussi bien que lui, de quoi il s'agissait.

— « Oh! Monsieur, me répondit-il, ils s'étonnaient de ce que vous pouviez rester sans effroi, cette nuit venue, dans un cimetière où, assurément, les morts ne manqueraient pas de revenir visiter leurs ossemens.

— « En effet, dis-je, nous touchons à la nuit funèbre, et, de plus, n'est-ce pas aujourd'hui vendredi ? »

« La réplique fut affirmative : elle me fit rêver. Voilà que je me sentis saisi d'une envie folle d'aller au cimetière une seconde fois, afin de me bien assurer si je devais ou non jouir de la vision des trépassés. Je soupais, et je ne sais qu'elle pensée me fit porter la main sur la poche où devait être mon portefeuille; il en était sorti. L'aurais-je perdu ? Il y avait mes papiers politiques, plus, deux fortes traites sur un banquier de Milan et sur un de Rome, ceci en compagnie de dix ou douze billets de mille francs.

« En même temps je me ressouvins que, voulant me moucher, et, pour cela, saisir un foulard qui était dans cette poche, sous le portefeuille, j'avais posé ce dernier sur le banc, sous la croix; j'étais bien assuré que nul, après moi, ne serait rentré dans le *Campo-Santo*, et je me promis, dès après le repas fini, de revenir nuitamment à la recherche de l'objet important ainsi abandonné.

« Les grives étaient bonnes ; la fricassée de veau qui les accompagnait, aussi excellente, le fruit délicieux ; cela me porta à vider, jusqu'à la dernière goutte, une bouteille de vin de Laidenon, que j'avais emportée avec moi ; c'est une boisson horriblement capiteuse ; elle échauffa mon cerveau ; je le sentis : j'aurais dû prendre du thé et me reposer ; non : je voulus aller à la quête du portefeuille. En conséquence, dès après avoir mangé la dernière grappe de l'excellent raisin qui composait mon dessert, je me levai, et, prétextant la magnificence de la nuit, le charme de la lune alors brillant à son plein, je quittai une seconde fois l'auberge et m'acheminai vers le cimetière voisin : c'est ici, mon ami, poursuivit le vicomte, que je vous prie de me prêter une oreille attentive et surtout de ne pas me mépriser à la suite de l'aveu que je vais vous faire !

« A peine je fus hors de la maison, que les

vapeurs du vin capiteux que j'avais bu sans prudence me surprirent et s'emparèrent de mon cerveau, qu'elles tardèrent peu à égarer complètement; alors, dans cet état qui tenait du délire, ma raison m'abandonna; de folles, de coupables idées m'assaillirent, et je répétai à haute voix et à diverses reprises : — Oh! parbleu, je voudrais bien, au lieu d'un trépassé, rencontrer, dans le cimetière, une jolie femme; Oh! fût-elle morte, si elle se montrait belle et tendre.....

« Mon ami, j'étais insensé, j'étais ivre : je me perdis en persistant dans ces désirs sacriléges. Comme j'entrais sur le sol consacré, il me sembla voir, au devant de moi et à la clarté de la lune, une forme féminine, une taille svelte et vêtue à la mode du lieu; ce costume, d'ailleurs, ne manquait ni de richesse ni d'élégance : c'était celui des fêtes, et il était porté par une jolie personne.

« La femme paraissait prendre à gauche, et suivre un sentier qui traversait obliquement le cimetière; la croix était en face de moi, à peu de distance. Je me ressouvins de ce que j'y venais chercher ; j'allai d'abord au but, et, en effet, les rayons de la lune luisirent sur les fermoirs d'or bruni de mon portefeuille ; un instinct intérieur me conseilla de remercier Dieu de la grace qu'il me faisait ; mais, en même temps, la villageoise passa tout auprès de moi, baissant la tête comme si une recherche l'eût aussi occupée.

« J'allai à elle. Oh ! qu'elle était piquante ! que ses yeux noirs jetaient un vif éclat ! que sa bouche était mignonne et fraîche ! que sa taille avait de charme et sa gorge de rondeur ! je l'attaquai de conversation : elle était bien malheureuse ; car tantôt, en plein jour et en compagnie de ses amies, elle était venue réciter des prières pour les morts, et elle avait laissé tomber alors, sans doute, dans l'herbe haute et épaisse, un Saint-Esprit d'or, enrichi de pierreries, sorte de parure très en vogue parmi les femmes des classes intermédiaires du Languedoc, de la Provence et du Dauphiné. . . . .

« Quand nous nous séparâmes, nous avions fait l'échange de notre anneau, et elle me promit de se trouver à Turin, où je l'attendrais, à l'auberge du Po, et où lui faciliteraient le moyen de s'y rendre le billet de mille francs et les dix louis en or avec lesquels j'avais payé son bijou perdu.

« Je rentrai péniblement agité; ma passion satisfaite, mon ivresse assoupie, je me ressouvenais avec horreur du sacrilége tantôt commis; le plaisir que j'avais goûté m'était insupportable; j'en prenais honte, et néanmoins les charmes extraordinaires de cette créature, la tournure séduisante de son esprit, les mots mystérieux dont elle avait assaisonné son dévergondage naïf, me faisaient vivement souhaiter de la revoir.

« Remonté dans ma chambre, je me préparais à me coucher, lorsque j'entendis en bas, sur le devant de la porte, des voix qui s'exclamaient. Bientôt des cris d'épouvante furent poussés; on s'enferma dans la maison, et mon principal domestique me rejoignit, la frayeur peinte dans les yeux.

— « Que se passe-t-il? lui dis-je; tu ressembles à un fantôme?

— « Ah! Monsieur, cela ne m'étonne point; je viens d'en voir une armée.

— « Des fantômes, dis-tu?

— « Oui, Monsieur; et je gage que de la fenêtre de cette chambre on peut les voir encore.

« Curieux de ce spectacle, je le suivis. Il me montra le cimetière, et, en effet, je vis très-distinctement une multitude de spectres, tous couverts de suaires, qui couraient avec véhémence, qui avaient l'air de s'entre-battre, tandis que d'autres semblaient danser à l'écart.

— « Ce sont, dis-je, des jeunes gens de quelques villages voisins qui veulent effrayer les filles de celui-ci.

« Toutefois, me rappelant où j'étais peu auparavant, et l'impossibilité que tant de personnages eussent été si près de moi, sans que je les eusse vus, et sans qu'eux m'eussent surpris. Je mis ensuite cette vision sur le compte d'un jeu de lumières; et la lune, enfin, ayant disparu, les ombres partirent avec elle. Je ne dormis pas un seul instant; des cauchemars affreux me tourmentèrent : je vis ma belle maîtresse changée en vampire hideux, et il me semblait entendre des voix aigres et discordantes qui prononçaient mon nom en hurlant et en le dévouant aux Dieux infernaux. Je vis le jour briller avec joie, et je ne fus pas fâché de quitter ce lieu.

XVII.

Suite de l'histoire fantastique.

« Je sortis avec plaisir de la Savoie, traversai, avec non moins de contentement, le mont Cenis et descendis en Italie, par le Pas-de-Suze, en homme enchanté d'échapper à de pénibles souvenirs. Chaque fois que je me livrais au repos, une voix sourde m'en retirait :

elle criait à mon oreille : *Sacrilége*, et je me réveillais tout glacé et trempé de sueur. Je tâchais d'oublier l'apparition des fantômes qui n'avaient que trop frappé ma vue, et en même temps je me livrais à une sorte de délire fou, à la pensée de ma jolie inconnue.

« Elle viendrait me rejoindre à Turin, elle me l'avait promis; ce serait peu de jours après mon passage, elle m'y devancerait même...... c'est ce qu'elle m'avait juré solennellement... La première semaine s'écoula, elle ne parut point. Je vis disparaître la deuxième, sans que l'inconstante se montrât. Je sentis en moi quelque chose d'amer, un besoin de jouissances grossières, un dédain pour tout ce qui était vertu; vous le dirai-je? mon cœur se livrait à un prestige étrange, à une fantaisie tumultueuse, où les sens dominaient et où aucun noble sentiment ne se faisait entendre.

« Quoi qu'il en soit, la bizarre et fausse créature qui m'avait trompé, manquant à sa parole, je me déterminai à envoyer jusqu'au village où je l'avais rencontrée mon premier valet de chambre, avec mission de s'inquiéter de cette belle fille dont je savais la demeure et le nom de famille. Le bon Redoulès eut beau faire, Claudette Sorrys était inconnue au lieu prétendu de sa naissance; on disait, il est vrai, que, vingt ans auparavant, on avait enseveli, hors de la terre sainte, un cadavre du sexe féminin, trouvé frappé d'un coup de poignard qui avait atteint le cœur. Un billet portait ces mots :

« *Lasse de vivre, ayant trop joui dans cette vie, je veux essayer de goûter de l'autre. Qu'on n'accuse personne de ma mort : c'est moi qui me suis tuée. Qu'on me jette à la voirie ou qu'on me couvre d'un peu de terre, je n'en haïrai pas moins mes semblables auxquels je n'ai pas encore fait tout le mal que j'aurais voulu leur faire sous le nom qui n'est pas le mien, celui de* CLAUDETTE SORRYS. »

« Le bon Redoulès, en m'apportant cette lettre sacrilége dont il avait obtenu la copie du curé, en échange de quelques louis destinés à faire réparer la chapelle de la Vierge, ajouta que depuis vingt ans une parente, sans doute de la défunte, avait tenté de pervertir plusieurs gars de l'endroit, tous morts fous successivement, et un beau lieutenant de carabiniers du roi de Sardaigne, qui avait fini par se suicider. « Rapprochez cela, Monsieur, poursuivit mon domestique, de l'apparition que nous eûmes lors de la nuit des morts, et vous verrez si cette créature n'est pas réellement une laveuse d'écuelles de monseigneur Satan. »

« Cette conclusion me fit rire. Redoulès comptait sur un autre résultat. Que ne pensa-t-il pas lorsqu'il m'entendit lui commander de m'attendre à Suze, où nous irions ensemble, tandis que je rebrousserais jusqu'au village où je me ferais mieux dire la vérité? En effet, je consommai cette folie, et en pure perte : on ne connaissait de nom pareil à celui que je répétais que celui de cette abominable créature dont j'acquis le billet original, en échange d'un de mille francs dont je fis cadeau à l'église du village.

« J'avais donc été mystifié, c'était certain :

une adroite coquine ayant revêtu un nom entaché, s'en était servie pour m'escroquer douze cents francs; il fallait le croire, en porter le deuil et s'en aller avec sa courte honte....... Je m'y résolus. Je poursuivis ma route vers l'Italie, je fis votre rencontre, vous me fûtes meilleur, plus agréable que cette vile créature, et je fis tout mon possible pour en bannir la mémoire et pour cesser à jamais de la chérir.

« Vous savez combien notre liaison nous rendit heureux, combien nous nous amusâmes; je me sentais renaître, je le dis, grace à vous, et enfin je ne songeais plus à cette hideuse magicienne. Après les vendanges que nous fîmes en Toscane, aux environs de Sienne, avec une société choisie de dames françaises, russes, anglaises, avec plusieurs hommes aussi spirituels et élégans, vous savez que, nous promettant de ne jamais nous séparer, il fut déterminé que nous partirions le lendemain pour Naples, où l'on passerait le gros hiver, afin d'être à proximité de voir, à Rome, les nombreuses et brillantes cérémonies.

« Ce jour-là était précisément, non la Toussaint, mais la propre fête des trépassés; et vous savez avec quelle dévote révérence chaque famille tâche de faire montre de plus de respect et de vénération pour *les défunts* et ceux de ses proches.

« Nous venions de souper. L'hiver, cette année, débutait par des rigueurs inaccoutumées, lorsqu'un des nôtres, le lord Merley, s'adressant avec nonchalance à la compagnie, se mit à dire : « Cette soirée doit m'intéresser plus que vous tous, Messieurs et Mesdames, puisque j'y suis venu au monde, et un vendredi encore. »

« Les dames se récrièrent avec dégoût.

— « Vous ne vous ressouvenez certainement pas qu'à mon tour, me saisissant de la parole, je dis à l'Anglais que je lui disputais l'avantage d'être le fils de cette nuit terrible.

— « Mais, dit une charmante comtesse russe, votre compatriote, et qui avait la bonne partie du fanatisme exagéré des enfans du Nord, mais, Messieurs, dans ce cas, vous avez à vous deux, Mylord, et vous, M. le vicomte, le privilége de voir les revenans.

— « Avez-vous vu des esprits, Mylord ? crièrent les dames au baron, pair des trois royaumes.

— « Non, Mesdames, répondit-il en oubliant le compliment banal et commun auquel le dernier Français et très-certainement un Russe auraient songé en cas pareil.

— « Et vous, M. le vicomte?

— « Ah! Mesdames,

> Ces esprits dont on nous fait peur
> Sont les meilleures gens du monde;

et, tel que vous me voyez, il en a existé un, il y a un an, qui s'y prit avec une rare habileté....... »

« Ici on entendit le tapage accoutumé d'une chaise de poste : les coups de fouet, les ohé! ohé! des meneurs, le hennissement des pauvres bêtes, les allées et venues des camérières, des filles de la maison, qui, sur l'appât d'une *buona mancia* à laquelle nul, dans la maison ne comptait plus, voulaient, à force de tumulte, augmenter la magnificence des voyageurs.

« De nouveaux cris de postillon, un autre bruit de roues, firent connaître que la première voiture n'était pas isolée. Par suite, grandit encore et s'accrut nécessairement l'importance du propriétaire des deux berlines. Déjà les dames, réunies au salon, proposaient d'envoyer l'un de ces messieurs, en enfant perdu, pour prendre note des noms, prénoms, qualités, etc., de l'inconnu, ou de la spirituelle inconnue. Lors, les deux battans de la pièce commune venant à s'ouvrir, la voix aigre du fils aîné de l'hôte nous jeta pompeusement le nom de madame la duchesse de *Palma Néro*... Je tressaillis... un cri m'échappa : il ne fut pas entendu de la compagnie, occupée à examiner la nouvelle venue..... C'était ma villageoise, c'était Claudette Sorrys. Ses yeux se portèrent vers moi ; un geste de sa main me commanda l'incognito.

« Tout m'était expliqué : une femme romanesque avait joué la scène du cimetière, et je ne cessais d'examiner sa beauté si pure, si noble, son sourire divin et ses yeux d'un azur si limpide. Les dames se levèrent pour lui faire les honneurs du lieu. Elle salua cérémonieusement, alla s'asseoir à l'écart, et, peu après, comme on vint l'avertir que sa chambre était prête, elle y passa, laissant notre coterie enthousiasmée de ses charmes, sinon de sa politesse, car elle n'avait rien dit.

« Je me promis d'avoir avec elle une explication, et, au moment où chacun de nous dut rentrer dans sa cellule, je me mis en quête d'un des valets ou des femmes de chambre de cette grande dame ; on aurait dit d'un sort : je ne pus en joindre aucun, ou je ne parlai qu'à ceux qui n'entendaient ni le français ni l'italien : c'étaient des Allemands de Basse-Saxe, qui me mettaient au désespoir avec leur *je n'entends pas*.

« Force donc me fut de rentrer dans ma chambre. Je me déterminai à ne pas me coucher et à me tenir prêt à surprendre la duchesse, à quelle heure elle voulût partir... On heurta un seul coup à la porte..... Oh! comme je fus ému! C'était elle! oui, elle; mon cœur ne pouvait pas se tromper : je courus ouvrir.... O bonheur! je vis la duchesse, non plus vêtue de son riche costume de voyage, mais habillée de la même manière qu'elle l'était lors de notre première rencontre. Le rire du plaisir était sur ses lèvres, et l'amour resplendissait dans ses yeux.

« Nous eûmes une explication; un mystère devrait encore, pendant un peu de temps, couvrir l'existence de ma maîtresse; mais la nuit était proche, ce fut le mot qu'elle employa, où nous nous réunirions pour ne plus nous séparer.

« J'aurais souhaité que la conversation se prolongeât, mais elle, avec une grace parfaite, me parla de sa réputation, de la nécessité où elle était de me quitter; et, en effet, elle se leva pour partir... En véritable amant, je brûlais du désir de prolonger l'entrevue; je crus en avoir trouvé le moyen, et je racontai à la duchesse mon dernier séjour au village, et je répétai le conte fantastique des habitans.

« Elle sourit, mais avec moins de gaité; et, lorsque je lui parlai du billet de mort de la jeune fille, elle me demanda avec un accent d'expression étrange ce qu'il était devenu.

— « Je l'ai en mon pouvoir, dis-je; il m'a coûté cher, mais que nous importe le prix, lorsque l'objet désiré en a davantage. »

« Elle souhaita que je le lui montrasse, et je le sortis de mon portefeuille. La duchesse y porta vivement la main....... A peine l'eut-elle touché, que je la vis se reculer; tous ses traits se décomposèrent; une manière de hurlement sortit de sa poitrine, tandis que le papier, abandonné par elle, tombait sur le plancher. Tout cela eut lieu si instantanément, que ma bouche mettra plus de temps à le dépeindre que le fait n'en mit à s'écouler.

« Je m'élançai vers elle :

— « Oh! que vous arrive-t-il? »

« Et elle, avec un regard farouche :

— « L'odieux papier! dit-elle, l'a-t-on allumé au feu de l'enfer?

— « Vous plaisantez, repartis-je? si la chose était, depuis long-temps nous l'aurions vu disparaître. »

« Je me baissai, je ramassai la lettre, et je fis alors attention à des croix, bien dessinées, qu'on avait tracées aux quatre coins; plus bas et à la suite de la note d'authenticité que j'avais exigée du curé, je vis les mots suivans qui, jusque là, n'avaient pas frappé mes yeux :

« *Soumis à l'exorcisme, purifié par le saint chrême et l'eau bénite.* »

— « Hé bien! dis-je, un papier crasseux vous cause ce dégoût? voyez-le avec moins de répugnance.

— « Non, non, écartez-le de ma vue, il m'est odieux! Quel plaisir prenez-vous à conserver l'acte de réprobation d'une pauvre fille? »

« Ce qui se passait m'étonnait; je reconnaissais des rapports mystérieux entre cette femme si jeune, si fraîche, et celle qui avait tracé la lettre en forme de testament satanique. Pourquoi cette horreur provenant du simple contact ? La duchesse serait-elle la sœur ou l'amie de Claudette Sorrys ? Pour quoi, hors ce cas, les mêmes nom et prénom ?

« L'horloge sonna minuit... la duchesse frissonna....... — « Adieu, dit-elle, nous nous reverrons à Rome... » Elle achève et sort : je n'ose pas la suivre..... Cinq minutes s'étaient à peine écoulées, lorsque les coups de fouet se font entendre de nouveau, au milieu d'un groupe de voix ; puis, des voitures s'ébranlent, s'éloignent. Je compris que la duchesse repartait.

« Dès ce moment je me vis plus amoureux que jamais ; mon imagination ardente s'enflammait au souvenir des charmes de mon amie ; il me tardait de la rencontrer à Rome, où elle se rendrait au carême prochain. Vous savez, prince, que nous poursuivîmes notre route telle qu'on l'avait décidé. Nous courûmes à Naples, nous fîmes une pointe vers la Sicile, et, à la fin de la deuxième semaine du saint temps d'abstinence, nous étions établis *via del Corso*, dans le bel hôtel que vous savez.

« Une nuit, je revenais de chez la princesse Colonne; mes domestiques, qui ne m'accompagnaient pas, se couchaient d'après ma volonté, et, lorsque j'avais mis pied à terre, celui de service allumait une bougie, me la remettait, et j'allais seul dans ma chambre. Cette nuit, en entrant... je la vis éclairée; des flambeaux brûlaient sur la cheminée, et une personne, assise dans mon fauteuil, me tournait le dos. Je crus que c'était vous, je m'approchai avec empressement... je vis la duchesse dans son premier costume villageois.

« La surprise, la satisfaction me coupèrent d'abord la parole; je ne pus que m'élancer vers cette femme extraordinaire, et la serrai dans mes bras.

— « Qui vous a fait entrer, dis-je?

— « C'est mon secret, répondit-elle; ne cherchez pas à le connaître; aimez-moi, c'est là l'essentiel. »

« Elle achève; je me penche vers elle, et mes

caresses lui prouvent ma joie de la revoir. Elle paraissait non moins satisfaite de nos rapports, et, lorsque je nageais dans une mer de délices, je posai ma main sur son cœur pour en ressentir le contact délicieux..... nul mouvement ne répondit à la pression de mes doigts; ceux-ci même s'enfoncèrent à travers le linge, en une cavité située à la place précise où le cœur fonctionne dans le corps humain.

« La surprise que j'éprouvai se peignit sur mes traits.

— « Quoi! dis-je, vous êtes calme lorsque je suis emporté par l'amour, et les battemens de votre cœur ne répondent pas à ceux du mien?

— « Je ne me porte pas bien, dit-elle; j'ai des douleurs singulières qui font de mon être comme un cadavre. Vous devriez me plaindre et non me quereller.»

« Et sa bouche, contractée et brûlante, se rapprocha de la mienne... Je ne sais pourquoi je fus me rappeler tout à coup la fille morte au village, et au moyen d'une blessure qui atteignait le cœur. Un frisson me saisit; je me reculai, et la lumière divine m'éclaira...... Je revins à la duchesse et la suppliai de ne pas me quitter avant le retour de l'aurore; elle s'y refusa mollement; je redoublai de persistance. Je fis parler les sens : j'eus bientôt improvisé une collation nocturne, et le lacryma-christi entra en auxiliaire dans le piége que je tendais.

« Ma compagne, à mesure que cette liqueur chaleureuse échauffait ses sens, se montrait plus vive, plus pétulante, plus passionnée; elle ne m'opposait aucune résistance; mais, avant de consentir à reposer près de moi, elle exigea que toutes les lumières fussent éteintes. Maître alors de tous ses charmes, je profitai d'une minute d'abandon, et, glissant mes doigts par dessous un sein de marbre, je les plongeai dans une large blessure, et je les sentis mouillés d'un sang froid, car il était coagulé....... »

XVIII.

Des médecins. — De la médecine. — De la charlatanerie en médecine. — Du romantisme en peinture.

— « Voulez-vous que je vous présente au comte de Castellane, me dit le vicomte de S...? Ses salons, ou plutôt sa salle de théâtre est maintenant le centre où la mode fashionable gravite dans ses sommités : ne va pas qui veut dans cette foule choisie. Je suis allié à l'amphitryon, et, à mon nom, les portes vous seront ouvertes. »

J'étais disposé à accepter l'offre de mon

ami, lorsque je fus détourné de sortir par la visite que je reçus du docteur Joseph Roques. Ce médecin philosophe, si connu par ses cures heureuses, par sa phitographie médicale (1), son histoire des champignons, etc., a renoncé à l'exercice général de l'art d'Hippocrate; il ne guérit plus que les pauvres ou ses amis. On m'avait recommandé de le voir. J'étais à le chercher, car il se sauve de Paris à Versailles pour échapper à sa clientelle; et il met à se cacher de la renommée le soin que prennent les autres pour la faire aller à eux.

Il me parla du nouvel ouvrage qu'il va faire imprimer; il m'en lut deux fragmens qui me donnèrent une haute idée du livre, et, lorsque je lui eus demandé pourquoi il ne professait plus :

— « C'est, me repartit-il, que je n'ai pas voulu lutter avec un nouveau confrère.

— « Lequel?

---

(1) Cet excellent ouvrage vient d'être réimprimé par MM. Blanc et Cormon, rue Pavée-Saint-André, n. 5, Paris.

— « Le charlatanisme. Ah! Prince, vous ne connaissez pas l'astuce et l'adresse de ce misérable, qui se fait, de la santé des malades, le marche-pied de sa réputation ! Je le trouvais sans cesse devant moi, à côté, derrière; encore et bien que je m'effaçasse, je n'en étais pas moins pourchassé par lui, car je me refusais à être la victime ou le complice.

— « Ah! Monsieur, s'écria le vicomte, que je suis satisfait de rencontrer un homme d'honneur qui ne sacrifie pas à l'idole; et vous, étranger, poursuivit-il en se tournant vers moi que je vous prémunisse contre l'adversaire du docteur Roques : celui-ci, par bonhomie et prudence, peut-être, ne ferait que vous montrer le mal en bloc; ce sera moi qui sonderai l'abîme, et vous le présenterai dans sa profondeur.

« Sachez d'abord qu'il n'y a plus de médecins, ou si peu, si peu, qu'on les rassemblerait dans un omnibus; mais Paris abonde de speculateurs dans l'art d'Esculape, qui font de cette science sublime une honteuse maison de commerce : on n'étudie plus. La Grande-Chaumière, les estaminets, les bals privés, Tivoli, l'été, et pis, l'hiver : voilà où les étudians perdent les heures qui étaient consacrées jadis à des travaux opiniâtres et sérieux.

Lorsque l'on a arraché un diplome dû à l'influence de telle dame ou de tel personnage en crédit, on ouvre une maison de médecine, on choisit un grand et bel appartement meublé à neuf, on prend un groom, un valet de chambre; il y a dans la cour un cabriolet et un cheval qui attendent Monsieur pour le transporter au bois de Boulogne, au café Véfour; aux Tuileries, le vendredi; aux boulevards nobles le reste du temps de la semaine. Le médecin va visiter des amis, des littérateurs célèbres, assiége les antichambres de deux ou trois ministres qu'il ne quitte que pour aller dans tel journal corriger les épreuves de l'anecdote qui le concerne, et où il joue un rôle d'homme fort ou sensible, les deux souvent ensemble; de là, il passe chez le pharmacien qui débite, de compte à demi, la préparation chimique, panacée universelle, résultat de ses veilles, dont on dupe les badauds, à la honte du gouvernement qui les souffre et de la médecine dont ils sont le déshonneur; ils dînent toujours dans des maisons où l'on tient table ouverte; mais ils arrivent au relevé du potage et sortent avant le dessert venu. Tous les soirs ils se présentent à deux ou trois théâtres, chez Musard, et dans cinq ou six maisons où il y a roout; il faut que dans chaque vingt-quatre heures un médecin qui doit réussir ait été vu de dix mille personnes, ait parlé à cinq cents et ait parcouru seize à dix-huit lieues de poste; nul ne doit avoir l'habit mieux bâti, le linge le plus blanc, les bijoux les plus riches; un docteur à réputation doit avoir une canne de corne de rhinocéros, un chien extraordinaire par son pelage, une tabatière fameuse dans le monde élégant, par sa matière ou son travail; il doit sentir bon, avoir la main blanche et gantée néanmoins, le parler mignard, les mots rapides : tous doivent porter ; il ne se taira que sur son art ; mais, en revanche, il sera excellent musicien, habile chanteur ; il dansera le menuet à donner de la jalousie à l'ombre de Marcel ; il peindra un paysage délicieux, receuillera des autographes, se procurera un cabinet de tableaux ; s'il peut donner dans la chinoiserie, sa fortune deviendra certaine, surtout s'il y joint le vieux Sèvres et les armures moyen-âge ; de plus il aura un journal qui n'aura besoin que de six mois d'existence ; il écrira dans quatre ou cinq, s'accordera la croix d'honneur, qui ne peut lui manquer, puisqu'il pense bien ; donnera des soirées, aura des punchs d'hommes, où les dames feront irruption, et, grace à ces secours puissans, je lui garantis une réputation immense au bout de l'année, ce qui ne l'empêchera pas de mourir de faim la seconde, à moins d'un de ces hasards qui font mousser un ignorant, comme parfois ils servent un homme habile.

Il faut aux jeunes médecins qu'un véritable amour de la science entraîne un courage surhumain pour lutter à leur tour contre ce torrent; aussi les de Jobert, les Pinel de Golleville, les Miquel, auteur du journal de thérapeutique, etc., déploient-ils autant d'énergie que de savoir, et n'ont pas besoin des moyens honteux que je signale, pour conquérir l'estime du public. Vous dédaignez aussi ces lâchetés charlataniques, vous, docteur Chervin (rue du Hasard, n° ...), vous, homme fait; tout de savoir, et qui, loin d'aspirer à la fortune, avez diminé la vôtre pour faire des expériences au profit de l'art, votre modeste mérite a droit à mes éloges, et on sait qu'indépendant de toute coterie, je ne les accorde qu'à la science complète et à la vertu sans tache. Le malade qui tient à la santé, les familles qui reculent devant la perte d'un père, d'un époux, d'un fils cher, trouveront dans vous sagacité, lumière, prudence, habileté et surtout probité inflexible; digne confrère du docteur Roques, vous devriez être amis.

La bouillotte, l'écarté, la politique (il y a quelques années, l'hypocrisie religieuse), entrent au rang des moyens que le jeune médecin doit employer pour se créer une réputation; ceux que je signale sont les plus communs; ceux qui ont des chances de succès presque immanquables. Il convient, en outre, d'avoir des séïdes, des prôneurs, des amis... oh! oui, des amis par masse, par pelletées! je les recommande au médecin débutant; il faut que quiconque parcourt avec lui trois rues, deux ponts et un quai, abîme son chapeau à force d'avoir à saluer les intimes du *cher*, du *bon*, de *l'aimable docteur*, car il est d'étiquette, de cérémonial hippocratique, de nécessité absolue, qu'il soit cher, bon et aimable; l'esprit ne lui est pas nécessaire, la science serait inutile, attendu qu'elle le ferait par trop distinguer parmi ses collègues.

Il en est des médecins du moment comme des derniers nobles vénitiens : le corps ne leur passe ni l'érudition ni le mérite indépendant des ridicules de la masse; malheur à celui qui travaille, qui s'isole, qui ne chante, ne joue, ne danse ni ne mange en public, à qui fuit le charlatanisme, à qui enfin s'adresse au public et non à l'intrigue!

Celui-là, homme dangereux et de mauvais exemple, est mis à l'index, excommunié; on lui interdit les soirées intimes de cinq ou six cents amis; madame B... refusera sa main, parce qu'il n'a pas voulu chanter avec elle, et M. D... ne lui pardonnera jamais de n'avoir pas fait prendre par un riche anglais, son client, malade du foie, *le remède souverain* que lui, D..., a composé, et qui enlève radicalement les cors, les durillons, etc.

Les médecins doivent *s'épauler*, se soutenir. On se divise par coteries, cinq ou six, et on ne sort pas de là pour ses consultations... Les consultations sont une des branches les plus productives de la matière médicale. Voilà, Prince, de qu'elle façon on forme des médecins en France; comment on abandonne un art si supérieur: la vie des malades intéresse peu; on ne sait comment les secourir ni comment les ramener à la santé; le succès est dû à la nature ou au hasard, et le plus célèbre est celui que le hasard et la nature ont le plus favorisé. Je doute que le docteur Roques me démente, et je me flatte qu'il rendra hommage à ma franchise et au mal dont je me plains. »

Le vicomte acheva sa dénonciation acerbe. Je ne revenais pas de ce que je lui entendais dire; je voulus contester, il m'accabla par tant d'exemples par des traits si hideux de cupidité, qu'il me fit frémir.

— « Par exemple, dit-il, je vous signalerai un premier médecin ordinaire du roi qui vend à un éditeur, et à haut prix, un grand ouvrage dont la publication exige des dépenses énormes; à peine le marché est conclu, qu'il fait une autre édition, en un autre format, de son livre, et il la fait vendre au rabais, pillant ainsi l'homme d'honneur qui éditait avec la confiance de la probité.

« Ces infamies sont titrées de gentillesses; c'est du savoir-faire, de l'adresse; on est déshonoré : n'importe! on dit comme le fiacre: Je m'en... moque! cela n'empêche pas de rouler. Un autre emploie l'érudition d'un homme de lettres, et puis lui dénie le prix du travail pénible et consciencieux. Je le répète, le charlatanisme a pris la place de la science, et l'ignorant n'en parvient pas moins, lorsque son noyau de camaraderie est compacte et vigoureux. »

J'écoutais le vicomte et souffrais du silence du docteur; j'y reconnaissais la probité luttant contre les ménagemens dus à des confrères, et, pour ne pas prolonger une position pénible, je demandai au docteur si le gouvernement souscrivait à son dernier ouvrage; la réponse fut négative : le gouvernement accorde à deux seules entreprises inutiles tous les fonds d'encouragement dont le savant sans amis n'obtiendra jamais une miette.

M. Roques partit; il fut remplacé par un peintre romantique, tout étonné de l'indifférence du public pour ses chefs-d'œuvre. — «Oh! s'écria-t-il, l'art est perdu; les Ingres conservent encore des partisans; on veut du dessin, l'étude du beau, la science des lignes; on exige des idées, une composition large, savante, et que les figures expriment, par leurs physionomies, les passions allumées dans les cœurs; est-ce bête! est-ce perruque! Un tableau, c'est une toile sur laquelle on doit étendre plus ou moins de la couleur; où les beaux verts, les beaux bleus, les beaux rouges, les beaux jaunes doivent dominer: on ne peut regarder un tableau qu'à vingt pieds de distance; dès lors les finesses du contour et de la couleur n'y ont rien à faire; une foule est composée d'une certaine quantité d'hommes et de femmes... soit... pour être vraie, il faut que les laides physionomies dominent; si les bras sont courts, les jambes cassées, si le torse est tortu, c'est la nature qui en est la cause. A-t-on jamais vu des Apollons en majorité courir les rues, bien vêtus ou en guenilles? les Vénus sont-elles bien nombreuses sur le pavé de Paris? Non certainement... Dès lors pourquoi voulez-vous que je me tue à m'inspirer des plâtres, des antiques et des corps humains même? de quelle manière que je représente un individu, on retrouvera son modèle quelque part... donc je suis toujours dans la nature, lors même que vous m'accusez de m'en éloigner. Enfin, Monsieur, l'art est hors des règles.

J'écoutais ce galimatias avec ébahissement; le vicomte alors :

— « Eh! Monsieur, j'ai entendu défunt Mercier tenir un propos pareil chez la comtesse de Beauharnais, et mon ami le baron de L.....-L..... ne l'embarrassa pas médiocrement en lui demandant en quoi consiste l'art, lorsqu'on se sépare des règles... Croyez-moi, méfiez-vous de ces non-sens de convention, que l'on est dans l'usage de débiter, çà et là, en manière d'apophthegmes; l'art est inséparable des règles, car c'est de la réunion des règles observées que l'art prend naissance. La peinture moderne est une exception, une folie sans pareille; on s'est imaginé que l'ignorance suffisait pour faire et pour faire bien; on a dédaigné l'étude des grands modèles et l'imitation de la nature; on manque de goût, de génie; on ne peut ni inventer ni exprimer ce qu'on veut peindre; et, de cette impuissance de l'art, on s'est avisé de faire l'art lui-même : c'est encore l'un des mille travers de cette époque sans pareille. Que le romantisme, c'est-à-dire l'absurde, le dévergondage, le sens dessus dessous aient attaqué la poésie, cela se conçoit : on peut mentir à la vérité en phrases sonores, et des mots, si bizarrement qu'ils soient accouplés ensemble, peuvent au fond raconter une aventure, décrire un palais, ou nous présenter les détails d'une physionomie charmante. Enfin, comme l'art des vers s'accommode jusqu'à un certain point de l'enflure, du boursouflage, de la déraison, car, par lui-même, il lui arrive souvent de se perdre dans les nuages, on n'a pu comprendre, dès l'abord, le mal affreux qui résulterait de cette introduction extravagante. Mais, dans la peinture, dans la sculpture, dans cette imitation rigoureuse et forcée de la nature, où la première condition du beau est qu'il sera vrai, je vous défie que le romantisme puisse se soutenir. Ici, quand on veut un corps humain, l'à-peu-près ne remplira aucunement la condition rigoureuse; si on l'a voulu sans vêtemens quelconques, il n'est pas indifférent de le montrer noir, cuivré, jaunâtre, violâtre, etc.; il le faut avec ce coloris exact qui rende l'action du sang dans les veines, les muscles, les fibres sur la peau, dans la chair même; les membres doivent être dessinés avec non moins d'exactitude; car enfin on ne peut avec des barres et des traverses suppléer à des pieds, à des mains, etc.

Le laid, déjà si hideux dans la réalité, devient dégoûtant encore plus dans l'imitation; il fait horreur à voir, on le souffre par opposition dans un tableau, mais sous la condition qu'il y sera seul et rejeté à l'écart. Les défauts corporels ne permettent pas qu'un corps prenne une tournure majestueuse. Essayez de placer, dans une gloire d'anges, un saint borgne, bossu et privé d'un bras ou d'une jambe, comme il peut s'en trouver dans la réalité, et vous me direz des nouvelles de l'effet qu'il aura produit : pour les uns, ce sera une caricature; pour les autres, un outrage sanglant fait à la religion; pour tous, un choix de sujet détestable.

Placez également en public la statue contrefaite d'un homme contrefait, les chiens sont capables de lui aboyer, à tel point dans les arts ce n'est pas la représentation exacte des natures quelconques, mais la représentation de la nature belle et vraie qu'on veut; la beauté est tellement une condition de l'art, que jamais on ne se plaindra de la grace surnaturelle imprimée à une figure peinte ou gravée, tandis qu'on ne pardonnera pas, qu'on ne tolèrera pas un grotesque, un monstre indigne même d'attacher les regards des passans.

Croyez-vous être plus vrai dans vos tristes, secs, arides paysages? Hé! mon Dieu, qui nous délivrera de ces grèves, de ces vagues courtes, isolées, et de ce bout de maison boisée, le tout inondé des magnificences poétiques d'un soleil couchant? Ne voyez-vous pas l'opposition criarde et de mauvais goût, entre cette pauvreté de la terre et cette pompe splendide du ciel? Ah! que le Lorrain, que

Joseph Vernet, ont eu plus d'art et de génie, quand ils ont appelé la richesse des décorations d'un port, ces colonnades, ces palais, cette citadelle lointaine où joue, se reflèchit, et brille la lumière, à lutter d'effet avec la majesté d'un ciel oriental; voilà ce que vous ne comprenez pas, petits hommes, petits artistes que vous êtes. Votre misérable paysage n'est pas détaché dans le grand tableau qu'enferme l'horizon; il n'en forme que la millième partie, et c'est précisément cet échappé mesquin, souffreteux, rabougri, que vous opposez au plus admirable spectacle de la création: c'est faire preuve d'ignorance, d'impuissance surtout.

Le peintre romantique avait bien envie de se fâcher, car il ne trouvait rien de bon à répondre à cette véhémente semonce; je m'en aperçus, et je me mis à parler des tableaux les plus célèbres que j'avais vus au musée du Louvre; il prit plaisir à les déchirer tous: Raphael était froid; Le Titien manquait d'élévation; il eut désiré que Véronèse présentât plus souvent la vérité; ceci était trop fort. Le vicomte, d'ailleurs, était prêt à lui courir sus de nouveau avec sa verdeur. Aussi, je prétextai un rendez-vous chez mon ambassadeur, et la compagnie me quitta.

XIX.

Du baron Taylor. — Un homme de probité. — M. de Cailleux. — Mauvaise administration du Musée Royal. — De quelques marchands. — *Les frais d'huissiers*, nouvelle branche de commerce.— Anecdotes. — Projet d'un nouveau sceau de l'État, imaginé par certains marchands.

« Le baron Taylor a passé sa vie a dire du bien des artistes, à les obliger, à les servir, et je crois, somme totale, qu'il en a recueilli plus d'ingratitude que de reconnaissance. Placé pendant dix ou douze ans à la tête du Théâtre-Français, il fit de son mieux pour faire marcher du même pied les droits des auteurs et les intérêts des sociétaires. Doux, poli, bienveillant, gracieux, spirituel, ayant assez de talent pour se ranger, quand cela lui convient, parmi les artistes consommés, on ne lui a pas rendu toute justice; moi-même j'ai eu tort envers lui; je l'ai accusé de froideur, ce qui était peut-être une preuve de son bon jugement, et de détour, car je qualifiais ainsi sa politesse excessive qui ne veut pas être désagréable, et qui, non plus, ne sacrifiera pas les intérêts qui lui sont confiés.

« C'est un de ces esprits délicats et fins qui sont des bonnes fortunes pour les gouvernemens; ils leur font des partisans, ils calment les haines, engourdissent les passions; ils ont assez de goût, de tact, pour deviner les bons ouvrages; ils ont de la sympathie pour les esprits supérieurs; ils savent faire dépenser l'argent noblement. Voilà, par exemple, que nous lui devrons cet obélisque superbe dont la place Louis XV va s'enrichir. Le maréchal Soult, en exigeant des sommes énormes de sa collection de tableaux espagnols, qui ne lui ont pas coûté un prix exorbitant, a contraint le ministère, qui veut rendre à la France le riche musée dont 1815 nous a dépouillés, à profiter de la circonstance, à donner au baron Taylor cette nouvelle mission.

—«On ne pouvait mieux choisir. Homme du monde sans préventions, artiste sans préjugé d'école, il examinera tout, et ne rejetera que le médiocre; et pour lui quelle gloire d'attacher son nom à la conquête d'un monument des Sésostris, et à la fondation d'un nouveau temple érigé à d'autres dieux de la peinture. Je ne doute pas qu'il ne revienne les mains pleines de richesses, et que l'art n'ait encore à lui faire de nouveaux remercîmens.

— « Mais, mon cher baron, il me semble que je vous ai entendu tonner contre M. Taylor à une certaine époque, repartit le vicomte de L.... à l'interlocuteur, M. de L.....-L....

— « C'est précisément à cause de mon erreur, dont au reste je suis revenu il y a long-temps, que je suis charmé de rencontrer une circonstance où je puisse parler du baron Taylor comme il convient. En père tendre, j'étais furieux du peu d'affection que ce commissaire du roi près le Théâtre-Français portait à mon œuvre dramatique, et je grondais en conséquence; mais, éclairé sur la faiblesse de ma composition, par la juste sévérité du public, je suis revenu de ma mauvaise humeur contre M. Taylor, et, depuis, j'ai parlé de lui comme il le mérite, et comme doit le faire l'homme de cœur et de bonne compagnie qui croit se grandir en convenant d'un tort, et en s'avouant coupable d'une mauvaise manière de voir.

« Je voudrais que tous ceux qui sont placés à la tête des beaux-arts eussent sa grace parfaite, sa politesse si élégante, et qu'ils ne crussent pas se grandir en se gonflant, ce qui n'est pas la même chose.

« Certes, si le baron Taylor était à la tête du Musée, il ne tolèrerait pas le scandale de la fermeture de six mois des galeries des tableaux et des antiques, à cause des fléaux annuels de l'exposition. Depuis le mois de janvier, nous sommes privés d'aller admirer les chefs-d'œuvre des trois écoles (bientôt nous dirons des quatre); le salon a été fermé le trente avril, et, à la fin de juin, les portes du Musée demeurent closes; n'est-ce pas manquer au public? convient-il que l'on paie des hommes qui ne font pas leur besogne? Pourquoi les antiques, par exemple, sont-elles sous clé pendant ces six mois, pendant qu'on encombre de croûtes les salles supérieures? Faut-il que les galeries d'en bas, qui ne sont pas flétries, nous soient ravies aussi? Cela ne doit pas être, il convient de mieux entendre l'exercice des fonctions qui nous sont confiées. Je désire enfin que M. de Cailleux comprenne bien ce qu'il doit aux artistes, aux amateurs, et que dorénavant le Musée ne sera pas fermé plus de trois mois. Si l'abus persiste, si une déplorable oligarchie continue, il sera convenable de faire un ouvrage exprès pour dévoiler les nombreux torts de cette partie de l'administration.

C'est une manie en France que celle d'enfouir nos richesses. Par exemple, pourquoi prive-t-on le public qui n'est pas laquais ou étranger, et qui ne veut pas l'être, de la vue du Musée d'Angoulême? On ne le visite que sous le bon plaisir de M. de Cailleux. Est-ce convenable? et ses ennemis sont donc exclus de ce lieu, et ceux qui, comme moi, n'aiment pas de solliciter des faveurs, il faut donc qu'ils se passent d'admirer ces chefs-d'œuvre?

Pourquoi tenir aussi sous clé ce musée maritime? Là encore il faut des billets; on les refuse aux Français, on les prodigue aux étrangers. Il en est de même du musée égyptien; on ne le voit que par hazard ou au temps du salon; les autres dix mois de l'année, il faut aussi l'attache de M. de Cailleux. Enfin, pourquoi nous ôter la jouissance des salles qui renferment notre admirable collection de dessins; depuis deux ans elles sont entièrement terminées, et les amis seuls de

M. de Cailleux en ont la jouissance; les autres, à moins d'être Anglais, ou Russes, ou Allemands, ne peuvent jamais espérer de les parcourir.

Ce serait à Saint-Pétersbourg chose étrange que l'on refusât l'entrée des établissemens publics aux naturels du pays pour n'y admettre que des étrangers. Les Français, en général, manquent de dignité nationale; il est singulier qu'en renonçant à la politesse, ils ne se soient pas affranchis de l'obséquiosité; ils ont, à Paris surtout, une facilité à s'humilier devant les étrangers qui m'a fait mal, tout étranger que je suis, les marchands surtout; oh! tant qu'ils gardent l'espoir de vente, quelles courbettes, que de flagorneries, que de civilités basses! C'est à soulever le cœur. Mais aussi, dès qu'ils ont la certitude qu'on ne se laissera pas tromper par eux, et qu'on va ailleurs se faire duper, avec quelle rapidité ils passent de l'humble asservissement à la grossièreté, au dédain. Vous partez; ils ne vous rendent ni votre salut, ni ne semblent se soucier de votre visite; ils ont grand soin de vous faire connaître que leur politesse n'est qu'une manière plus avantageuse d'auner à leur profit.

Le commerce à Paris est composé, dans presque toute sa totalité, d'êtres qui, s'adonnant au trafic, se sont séparés entièrement du reste de la nature humaine : ils n'ont qu'un but, le gain. Or, l'argent est le mobile de toutes leurs actions, c'est le centre vers lequel ils gravitent avec une ténacité de planète, c'est-à-dire immortelle.

Ce besoin du gain les transforme en des hommes nouveaux, ou, pour mieux dire, en fait des masses de pierre vivante. Ne leur demandez ni les sentimens de l'amitié ni ceux du patriotisme; ne pensez pas allumer en eux une flamme généreuse; ils sont morts à tout ce qui n'est pas leur idole unique, l'argent.

Pour avoir de l'argent, ils violent les lois du royaume, pactisent avec l'étranger, appauvrissent l'État, ruinent leurs confrères; s'ils peuvent faire un gain de six liards, vous les verrez courrir aux manufactures anglaises, et laisser languir celles de Lyon; ils ne comprennent pas le prix de tout objet qui ne peut être trafiqué; ils reculent d'effroi lorsqu'on veut d'eux une somme considérable en retour d'un tableau de prix ou d'un belle statue; ils laisseraient périr tous les Raphael plutôt que de les acquérir à leur valeur de convention. Aussi, depuis qu'ils règnent, les artistes se sont enrôlés sous leur bannière et se sont faits à leur taille, c'est-à-dire mesquins, étriqués et sans goût; ils travaillent à la pacotille, au bon marché; ils font des tableaux de trente francs et des statues de soixante.

Le négociant commence par se dépouiller de tout ce qui le rapprocherait du reste de la nature humaine: il se fait sans cœur, sans entrailles, il se bronze de la tête aux pieds; insensible aux larmes du malheur, il hait le pauvre, qu'il regarde comme un réprouvé, puisqu'il n'a pas les faveurs de la fortune;

ses aumônes sont d'ostentation et de crainte, jamais spontanées, et secrètes surtout.

Plein d'égards pour son confrère banqueroutier, facile, accommodant avec lui, prêt à des sacrifices dans lesquels son égoïsme ou son calcul lui fait entrevoir une réciprocité prochaine, il est inexorable, impitoyable envers le propriétaire gêné qui sollicite un délai.

— « Faites-lui des frais, dit-il à son huissier. »

Savez-vous pourquoi? C'est qu'il a avec cet huissier un compte ouvert, et qu'il retire pour lui la moitié des bénéfices. Cet abominable trafic a lieu à tout instant, et le misérable qui en grossit son pécule, grandit sans trêve en considération dans son quartier; il obtient les hauts grades dans la garde nationale, et, le jour où il complète la ruine d'un père de famille, de concert avec son rapace huissier, ce jour-là est presque toujours celui où il est admis aux fêtes des Tuileries, où il est surchargé de l'étoile de la Légion-d'Honneur.

Il n'a ni religion ni morale, ignore Dieu, car Dieu ne s'achète ni ne se vend; il n'hésite jamais à tromper le public; le commis le plus fripon est le plus choyé; il a une prime d'encouragement; les parties avariées ne sont jamais portées en perte: elles doivent profiter. On trompe sciemment, on vend pour or ce qui est alliage, pour soie ce qui est coton, pour massif ce qui est plaqué. L'effronterie de ce pillage est poussée à un point extrême; un marchand me disait, en retour de plaintes que je lui adressais: « Pourquoi êtes-vous « revenu? Je ne compte pas servir deux fois « le même chaland, et je m'arrange à faire sur « lui un bénéfice triple. »

J'achetai au prix du doublé d'or des boucles de souliers et de jarretières chez le fameux O......; elles étaient d'argent et passées à la couleur d'or; j'allai les montrer à qui me les avait livrées, il me répondit froidement que je ne les avais pas prises chez lui. Prenez-vous le négociant sur le fait de tromperie, il vous injurie, vous insulte, et vous fait un procès en réparation d'honneur.

Voyez-le dans sa maison, c'est le Néron au petit pied, c'est le véritable tyran domestique; il exige de ses valets une obéissance d'hilote, il fait de ses commis de vrais souffre-douleurs; dur, rogue, grossier, insolent envers eux, il les foule aux pieds, les écrase, les avilit, les maintient dans la boue. Cet homme si fier, si amant de l'égalité en dehors, qui ne veut ni maître ni supérieur; que des pairs importunent et affligent, se pose chez lui en manière de demi-dieu. J'ai vu des commis âgés, respectables, anciens militaires ou honorables magistrats, ne pas oser parler à un drôle de vingt-cinq ans. Chaque fois que le patron paraît, on développe le caractère du lâche autour de lui, et on l'adore en silence; ceux-là disent en réalité le propos ingénieux du glorieux : *Il me parle, je crois*.

Il faut l'avoir vu, pour croire au despotisme d'un manufacturier envers les prolétaires contraints à lui devoir leur existence. Oh! qu'il y aurait un horrible fumier à soulever, que de vices, que d'actes de débauche, de cruauté, de froide avarice! On spécule sur la faim, la soif, la mendicité des prolétaires ; ils ne doivent avoir ni dignité personnelle, ni vertu de famille. Malheur au père qui défendra sa fille, malheur à l'époux qui se refusera au déshonneur.

Une maison de commerce est presque toujours un antre où l'on s'exerce à tromper les hommes, à profiter des besoins de la masse, à vendre la patrie au bénéfice de la raison *un tel et compagnie ;* où la fallace, l'astuce, la dextérité de la main à faire jouer l'aune ou fléchir la balance sont en vénération.

Je sais qu'il y a, et surtout en province, Paris en fournit aussi des exemples (ils y sont rares), des négocians dignes de l'estime et de la considération publique; ceux-là joignent aux vertus du père de famille celles du patron et du citoyen. Contens d'un bénéfice légitime et long-temps attendu, ils peuvent sans rougir lever leur front vénérable; pères, non seulement de leurs enfans, mais encore de leurs commis et de leurs ouvriers, ils cherchent à parvenir au respect par l'affection et non par la crainte. Leur parole est sacrée; on peut acheter chez eux en conscience, ils ne tromperaient ni un enfant ni un Turc; ce ne sont pas des pirates armés en guerre contre leurs concitoyens; il rougiraient d'une rouerie; il sont chers et vénérés; aussi, rarement les honneurs vont-ils les chercher: ce sont les intrigans qui les obtiennent; la récompense complète de ceux-là n'est pas dans ce monde; et leurs antagonistes, qui ne croient à l'existence d'une autre, s'attachent uniquement aux avantages de celui-ci.

Jamais scandale pareil n'est semblable à l'épaulement que tout négociant donne au débiteur, négociant aussi, qui fait banqueroute. A peine ce mot magique est prononcé, que l'on accède à tous les sacrifices possibles; cinq ou six pour cent, en négligeant les frais, sont ce qu'on accepte; et le lendemain du concordat, le fripon avéré recommence ses relations commerciales sur le même pied que ci-devant, avec ceux-là mêmes qu'il a dupés, mais qui supportent tout dans le vague espoir d'une revanche complète, tandis que le propriétaire malheureux, qui finit par payer la totalité de la dette et des frais, est poursuivi avec une barbarie désespérante; saisie, vente de meubles, arrestation de sa personne, sa ruine absolue, sont les actes du négociant envers lui, et souvent du négociant à sa troisième ou quatrième banqueroute.

Demandez maintenant de la grace, de la bonté, de l'obligeance, à ces hommes d'acier; les façonner à la politesse réelle, c'est peine perdue; obséquiosité pour pousser à la vente, voilà ce qu'ils savent; impertinence envers qui ne procure pas un gain, tel est leur élément. Leur orgueil est féroce; ils ont fait la révolution de 1830, parce que leurs *épouses et leurs demoiselles* n'allaient pas à la cour, ni eux non plus; maintenant qu'ils s'y pavanent, bien qu'ils apprêtent à rire au peu de gens de qualité qui s'y laissent coudoyer par eux, ils soutiendront la royauté citoyenne; mais le jour où le souverain les renverra à leurs comptoirs, à leurs usines, dès ce moment-là ils se tourneront contre lui. C'est une nouvelle noblesse, mais personnelle, noblesse d'or monnayé, et non de sang versé ou de grands services rendus.

Ils se proposent de faire adopter pour le sçeau de l'État le dessin suivant : *un sac d'or sur un champ de gueules*, et à l'entour en exergue, le fameux hémistiche de Boileau : QUICONQUE EST RICHE EST TOUT; deux aunes seront en sautoir derrière l'écu; qui sera couronné par un coffre-fort et soutenu par deux harpies; il aura des chaînes en manière de collier d'ordre, afin de rappeler que l'esclavage est l'état normal de qui ne possède pas.

Allez à Sainte-Pélagie, ce ne sont pas des marchands mis là par leurs confrères, qu'on y trouve, mais des artistes, des militaires, des gens de lettres, des fils de famille, victimes de la rapacité de négocians indignes de ce nom, mais qui pullulent cependant et qui font la masse.

On se plaint de la multitude des domestiques fripons et voleurs qui abondent dans Paris; à qui la faute? A l'exemple permanent que leur donne le commerce. Un campagnard, une jeune paysanne, viennent ici craignant Dieu et instruits à la probité de province; ils entrent dans une maison de petit ou de haut commerce, ils voient l'irréligion, le concubinage, l'athéisme, la débauche, compagnons de l'avarice sordide et de la fraude. Ils entendent leurs maitres s'applaudir de leurs tours de passe-passe; on les instruit eux-mêmes à vendre à faux poids, à courte mesure; on se montre avide du bien d'autrui, et, tâchant de l'enlever avec autant d'effronterie que de scélératesse, il en résulte que ces ames faibles, instruites à ces exemples, se pervertissent, se corrompent et commencent à travailler pour leur propre compte aux dépens du patron; celui-ci, indigné, les chasse, avec un certificat de probité, et, fier de contenir leur langue, il les envoie exercer en dehors cette odieuse et coupable industrie, dont il leur a donné la première leçon.

On n'a jamais vu sortir un domestique fripon des vieilles maisons nobles, c'est tout simple; là, on croit en Dieu et on y pratique son culte; là on se fait un devoir de la probité, de l'honneur; là, on est dupe et on ne dupe jamais: aussi n'a-t-on que des serviteurs intelligens et probes.

Tels maîtres, tels valets. Essayez de ceux-ci sortis du commerce, et vous verrez ce qu'ils savent. Ils entendent leurs affaires, ce ne sont pas les vôtres; ils spéculent sur vous comme son ex-maître le faisait contre son meilleur ami; ils sont ingrats, égoïstes et fripons, car ils étaient à forte école.

FIN DU PREMIER VOLUME.

Corbeil, imprimerie de Crété.

leur esprit ou leur beauté sur les affaires publiques; et si on en excepte *la Pompadour* et *la Dubarry*, ces deux maîtresses du bon roi Louis XV, qui ont laissé de *prétendus Mémoires authentiques*, toutes les autres sont restées dans l'oubli.

Cette lacune, nous venons la remplir.

Loin de nous la pensée de nous présenter avec des témoignages apocryphes, et de dire: Le livre que nous publions a été écrit sous la dictée des personnages dont il retrace la vie! Ce sont d'importans, de précieux papiers de famille, achetés au poids de l'or, que nous livrons à la publicité! Non, LES DAMES DE LA COUR ne seront pas de la famille de ces *véridiques* Mémoires, et le public, bien instruit de toutes ces supercheries mercantiles, ne pourra nous répondre: Vous avez menti à vos promesses! car nous ne nous targuons point de *documens officiels* pour recommander notre publication à l'attention des lecteurs éclairés!

Le XVIIIe siècle est assez riche d'évènemens et de faits qui sont de nature à intéresser vivement la curiosité publique, sans y ajouter de mensongères anecdotes, de fausses révélations.

Nos DAMES DE LA COUR présenteront deux périodes. La première comprendra les dernières années du règne de Louis XIV, les premières de la libertine régence et le ministère du duc de Bourbon, de ce descendant des Condé, qui associa une femme adultère, la marquise de Prie, à sa vie d'homme public.

Quel plus vaste champ pouvait être offert à l'observateur, à l'écrivain consciencieux! L'hypocrisie impatronisée par madame de Maintenon à la cour de Louis XIV faisant place aux joyeuses orgies du régent, à cette vie libre qu'on ne se donnait même pas la peine de déguiser sous d'honnêtes apparences! La licence avec tous ses débordemens, la philosophie avec toutes ses erreurs et le vice dans son horrible laideur; puis après, une effroyable banqueroute qu'on chercha à rendre moins désastreuse par des moyens que le pouvoir absolu mettait en œuvre sans honte ni remords; des conversions de rente, l'opération du *visa* qui anéantissait tous les billets de la banque écossaise dont l'origine paraissait suspecte, et tous ces évènemens traversant l'époque la plus galante, la plus fastueuse de notre histoire!

Une bonne fortune de grand seigneur, l'enlèvement d'une petite bourgeoise, les infidélités et les caprices ruineux d'une fille d'Opéra occupaient alors l'attention à peine distraite par les opérations financières des frères Pâris et les malheurs qu'entraînait le système de l'Écossais Law.

Notre seconde période embrasse le règne de l'infortuné Louis XVI, roi faible et traîtreusement conseillé, martyr qui expia sur un échafaud les crimes de ses conseillers.

Pauvre aristocratie! que de fautes tu commis alors. Tu laissas égorger de nobles victimes, et le nom de la princesse de Lamballe se présente au milieu de cet holocauste que de sévères républicains crurent nécessaire pour sauver la France! A de brillantes fêtes, succédèrent d'horribles assassinats; à un calme trompeur, d'affreux bouleversemens. Le peuple en guenilles mit le pied dans de royales demeures, et cette soif d'égalité qui dévorait la nation française enfanta des actions barbares et sublimes, fit éclater des dévoûmens héroïques, et des haines profondes. Au dénonciateur qu'un vil intérêt animait, on peut opposer d'honnêtes personnes se vouant à une mort certaine pour arracher au glaive de la loi d'innocentes jeunes filles, de tendres femmes dont l'unique crime était d'avoir un nom illustre.

Ce fut une grande époque, malheureuse et énergique tout à la fois, sublime et vindicative, mais dramatique surtout, et c'est sur le point de vue moral que nous l'avons parcourue, laissant à des plumes plus exercées que la nôtre le soin d'approfondir les causes qui amenèrent 89 et 93! A nous, il restait à peindre les mœurs régénérées de la cour de Louis XVI, les tentatives de réforme et d'économie qui ne furent essayées que dans le silence du cabinet; l'intérieur de la cour, et l'attitude pleine de dignité que le tiers - état prit à cette époque, n'est pas une des choses les moins curieuses à observer; et nous le répétons, nous nous sommes efforcés de peindre avec fidélité l'époque que nous retraçons, sans vouloir faire un appel aux passions politiques, sans chercher à froisser les convictions de qui que ce soit, et nous avons pris pour devise : La vérité quand même!

Pour paraître fin novembre prochain.

LAGNY. — Imp. d'A. Le Boyer et Comp.

LES NUITS DE VERSAILLES,

OU

LES GRANDS SEIGNEURS

EN DÉSHABILLÉ.

ESQUISSES PITTORESQUES,

Recueillies sous MM. les lieutenans de police de La Reynie, d'Ombreval, Hérault, Le Voyer d'Argenson, Sartines, Lenoir, Berrier, etc.

PAR E. GUÉRIN.

QUATRE VOLUMES IN-OCTAVO.

Versailles !!! ce nom résume à lui seul deux siècles d'illustration dont la France s'honore ; Versailles fut le berceau de toutes ses gloires, le foyer où elles venaient se raviver à l'ombre de ce soleil des humains, qui alors s'appelait le pouvoir absolu, c'est-à-dire Louis-le-Grand, et plus tard, le pouvoir débonnaire sous le règne du *Bien-Aimé;* Versailles, comme le fit Louis XIV, acquit une grande importance, et tandis que la bonne ville de Paris, la capitale aux mille ressources, restait plongée dans une torpeur, d'où les luttes courageuses des parlemens ne purent la faire sortir, Versailles voyait s'accroître chaque jour sa brillante population de seigneurs et de financiers, d'officiers de tous les grades et d'administrateurs de tous les rangs.

On avait un hôtel à Paris, où on ne logeait jamais, et un pied-à-terre à Versailles, qu'on habitait toute l'année. La cour ne faisait que de rares excursions dans les châteaux du domaine royal, aussi l'affluence des courtisans, des solliciteurs et des provinciaux était toujours la même à Versailles; hôteliers et taverniers, barbiers-étuvistes et maîtres de tripots non autorisés, tous ces gens-là faisaient rapidement de grosses fortunes qui, de nos jours, et grâce au merveilleux Musée Louis-Philippe, pourront se renouveler, et dédommager la classe industrielle de cette ville, du sommeil léthargique et ruineux que les journées d'octobre de 89 lui imposèrent, comme pour la punir de sa scandaleuse opulence et de sa brillante prospérité.

Nos chroniqueurs nous ont montré déjà Versailles, à l'OEil-de-Bœuf; Versailles, officiel et paré, qui ne sortait qu'après avoir mis son rouge et ses mouches, et rattaché les nœuds de ses rubans; il restait à peindre, à retracer les *Nuits de Versailles* sur lesquelles on a glissé pour ne point éveiller les susceptibilités ombrageuses de la camarilla, toute-puissante pendant les dernières années de la restauration.

Versailles galant et bigot sous le grand roi; joueur et libertin fieffé pendant un règne qui précéda la tourmente révolutionnaire, Versailles ressemblait à la maison de verre du philosophe de l'antiquité : rien ne s'y faisait qu'on ne le sût aussitôt chez les La Reynie, les d'Argenson, les Lenoir et les Sartines qui faisaient relater, par des scribes obscurs, les peccadilles venues à leur connaissance, afin de s'en servir dans l'occasion.

Dame police avait déjà des raffinemens ingénieux dans sa manière de surveiller ceux qu'on lui désignait du doigt.

En publiant nos *Nuits de Versailles*, nous avons voulu combler une lacune qui existe dans nos chroniques si riches de faits et d'évènemens; le cadre, que nous avons choisi, nous permet de mettre en relief les grands seigneurs de ces deux siècles, de les représenter, non plus guindés et soumis aux exigences de l'étiquette, mais dans le secret de l'intimité, alors qu'ils ne jouaient plus cette ennuyeuse comédie appelée *vie sociale*. Bien des révélations piquantes, des anecdotes, que nous saurons couvrir d'un voile pudique, des secrets de famille, enfouis jusqu'à ce moment, surgiront de notre publication, pour laquelle nous avons fait d'utiles et de précieuses recherches ; nous inquiétant peu des récriminations qu'elle pourra soulever, nous entrons en lice, en criant :

Honni soit qui mal y pense !

Les Nuits de Versailles formeront quatre beaux volumes in-octavo, imprimés avec soin.

La première livraison, composée de deux volumes, paraîtra le 15 novembre prochain.

LACHAPELLE.

LAGNY. — Imprimerie d'A. Le Boyer et Compagnie.

Nouvelles Publications.

Comment meurent les Femmes,

PAR CARLE LEDHUY.

2 vol. in-8. — 15 fr.

CHRONIQUES DU LUXEMBOURG ET DES TUILERIES,

PHYSIOLOGIE DES COURS MODERNES,

PAR G. TOUCHARD-LAFOSSE.

4 vol. in-8. — 30 fr.

Les Amours d'un Poëte,

PAR TOUCHARD-LAFOSSE.

2 vol. in-8. — 15 fr.

MARTHE LA LIVONIENNE,

PAR TOUCHARD-LAFOSSE.

2 vol. in-8. — 15 fr.

LAGNY. — Imp. d'A. Le Boyer et Comp.

www.ingramcontent.com/pod-product-compliance
Lightning Source LLC
LaVergne TN
LVHW020608110826
845149LV00002B/413